コミュニケーションの専門家
中島由美子

開運！神傾聴

心の声を聴いて
「人間神
になる

KADOKAWA

あなたは今までの人生、幸せでしたか？
毎日、笑ってすごせていますか？
そしてこれからも、
「悔いのない人生を送ることができる」と心の底から言えますか？

イエス！　と自信を持って言えるなら、本書は必要ないでしょう。

でも、もしあなたがいろんなスピリチュアル本を読みあさって、

実践しても何も変わらないと思っていて、

幸せを求めるあまり心が疲れてしまっていたら、

このままページをめくってください。

大丈夫。安心してください。
そんな日々はもう終わりです。
本書との出会いで、
あなたは「人間神社」になれる鍵を受け取りましたから。

人間神社とは、あなたはもちろん、あなたの周りの人たちも、
最小限の努力で最大限に望みが叶う状態になること、
そして究極の「開運体質」に生まれ変わることをいいます。

はじめに　コミュニケーションを「幸運の泉」に変える〝神傾聴〟とは何か

エネルギーの源は「他者との対話」にある

本書を手にとっていただき、ありがとうございます。中島由美子です。

私は「声と心理」の専門家です。今まで、18年間で2万5000人の声を分析して、人の声だけで心の状態をおしはかる『声診断メソッド』を開発し、ご相談者の悩みに寄り添ってきました。

また、私は「対話」に関するコミュニケーションの専門家でもあります。

これまでに広告営業、ラジオパーソナリティ、司会、カスタマーサポートのコンサルなど、人と積極的に関わる仕事を多く行ってきました。

その**「コミュニケーションの経験」と「声と心理の分析」をかけ合わせ、最高の開運体質になるためのオリジナルメソッドを確立**しました。それが「神傾聴」です。

このメソッドを実践することにお金はかかりません。

今すぐ始められて、これから先の人生ずーっと続けられるメソッドです。

神傾聴＝「本当のところ」をお互いに知る

神傾聴とはどんなものか、簡単にご説明します。

その本質は、会話をきっかけにお互いに「本当のところ」を聴き合うことです。

「あ〜、傾聴ってやつね」と思った方、違います。

傾聴は会話をする際の〝テクニック〟です。

この本は「オウム返しを行う」とか、「共感の態度を示す」とかそういうテクニックの本ではありません。

本書ではむしろ、**会話をするうえで傾聴のテクニックに溺れると、お互いの「本当のところ」から遠ざかってしまうことに警鐘を鳴らしています。**

会話でお互いに「本当のところ」を見せるには、勇気がいります。

「えっ？　あなたってそういう人だったの？」と驚かれたり、場合によっては嫌われさえしたりするかもしれません。相手に弱みを見せることにもなるでしょう。

でも、**「本当のところ」を自分から見せたり、相手から見せてもらえたりできる人になると、どうなると思いますか？**

不思議なことに、物事がすべてうまく回り始めます。

そしてそのうち、体の底からエネルギーが湧いてくるようになるのです。

私、中島の「本当のところ」

私は42歳のとき、離婚をしてシングルマザーになりました。

お金に困ってパートを探し始めるも、履歴書で不合格の30連発をくらいました。

広告営業をしているときは「営業の神」とまで言われた、華やかな過去からは一転、人生のどん底を味わいました。

なんとか受かったラーメン屋でも、「使えないバイト」と言われ、普通の仕事すらできない自分に落ち込む日々でした。

出口の見えないトンネルの中で、少しでも力を抜いたら深い穴に落ちていってしま

はじめまして
著者の
中島由美子です
人の声を分析して
心の状態をおしはかる
声診断メソッドで
多くの相談者さんの
悩みに寄り添って
きました
これまで さまざまな人と
関わる仕事に携わってきた
経験から…
コンサル
営業
など
司会
コミュニケーションの経験
×
声と心理の分析
それらをかけ合わせた
『最高の開運体質』を
つくるメソッドが
生まれたのです
これだ！
それが
『神傾聴』
神傾聴では
お互いの
「本当のところ」を
聴き合います
でさー
だよねー
悪口
言いたいことを
言い合えてる気は
するけれど
それって ちょっと
勇気がいりますね
本当に深い話って
したことないな
嫌われそうで
コワイ
でも「本当のところ」を
見せ合える
ようになると…
実は…
私も！
すべてがうまく
回り始めるのです
ぜひ お願い
したく…
やりたかった
仕事！
本書で 神傾聴
実践のしかたを
詳しく お伝えして
いきますね
魂のタマちゃん
本書の
ガイド役

いそうな気分でした。常に何かに追われるような日々を送っていたのです。

今でも覚えています。そんなある日、

「もうあがくのをやめて、すべてを受け入れよう」と心に決めました。

すると、その瞬間、自分の内側から感謝の泉が湧いてきたのです。

たとえどんな仕事であろうとも
働かせていただき、お金をいただけていること
朝、起きられて、生かされていること
それだけで十分ありがたい

まるで自分の中に溜まった負のエネルギーが、みるみる浄化されていくような不思議な感覚でした。

その翌日、驚くことが起きました。

昔の友人から連絡がきて「声診断ってまだやってるの？　うちで講座を開いてくれ

ない？」と誘われたのです。

それからは、信じられないミラクルの連続でした！

幸運が幸運を呼ぶ、怒濤《どとう》のハッピー・スパイラル‼

気づけば、私が考案した声診断メソッドが、検索エンジンで有名な世界最大手の外資系企業の研修や、芸能事務所の人材育成に取り入れられるようになりました。

信じられないほど簡単なのに、なぜ、人生が変わるのか？

どん底の人生でも生きていることに心の底から感謝したあのとき、私は「人間神社」になったのだと思います。

当時はわかりませんでしたが、今ではそう確信しています。

だからあなたもまずは、私のように人生のどん底に落ちてください。

……などとは、もちろん言いませんよ（笑）。

私が辛酸をなめて、なめて、なめて、なめまくって、それでもへこたれずにトライ＆エラーを繰り返してわかった「これをやれば、簡単に現実が変わるよね」というポイントだけを集めたのが、この本です。

あなたはこの本に書かれていることを、実践するだけでいいのです。

読んだら「ウソでしょ。こんな簡単なことで人生が変わるはずない」と思うかもしれません。怪しいと思うかもしれません。

でも、事実なんだから仕方ありません。

私のプログラムを受けて人生を変えた人たちの例を、ほんの一部ですがご紹介します。

- 夫婦不仲で離婚寸前だったところ、関係性が改善。
- 大手外資系企業で営業に取り入れたところ、売上が200倍（10億円）に。
- 大勢の前では話すのが苦手だった社長が、言葉がスラスラ降りてくるように。
- 学生時代にやめた音楽活動を再開できるようになり、60歳を過ぎてライブコンサートでひっぱりダコに。
- やりたかった天命が仕事になり、日々魂の躍動を感じるように。

まんが 由美子先生の
人生V字ストーリー
離婚して
シングルマザーに
なった私は
ゼロからすべてを
やり直すことに
過去の栄光
営業
成績No.1
その道のりは
想像よりも
険しく…
コツコツ
履歴書を
送るも
まさかのお断り
30連発!?
なんとか受かった
ラーメン屋のバイトも…
使えねえ
出口の見えない
トンネルを
さまようような
普通の仕事すら
できないなんて…
どん底の中に
いました
そんな
ある日
もう あがくのを
やめて
すべてを
受け入れよう
そう心に
決めたとき
自分の中から
感謝が溢れて
くるのを
感じました
働けて
お金をもらえて
いること
みとろっ
でーす
朝起きられて
生かされて
いること
それだけで
十分
ありがたい
その
翌日
もしもし
由美子?
あれ～
久しぶり
ねえ、声診断って
まだやってる?
友人
声診断が大手の研修や
人材育成に取り入れられたのです
!!
よかったら
うちで講座を
開いてくれない?
それが
ミラクルの
始まりでした
ハッピーで
ミラクルな
スパイラルの
始まりだよ!

誰でも効果が出やすいように、ステップを大事にしました

重要なのは「誰にでも、同じ効果」がもたらされることです。

「私だからできた」とか、「あの人だからできた」とかいうものであれば、メソッドとはいえません。

私の経験に加えて、私のプログラムを体験してきた人たちに現れる効果を見ながら、1つひとつ階段を上っていけるよう、「順番」を大事にしてこの本を書きました。

序章では、話し方や聴き方のマニュアル本が世の中に溢れているにもかかわらず、それを実践する人がなぜ、本質を見失ったコミュニケーションに陥ってしまうのかについて解説しています。

第1章では、国内外の企業でオペレーターやスピリチュアルカウンセラーの指導をしている私が、読者の傾聴力がどのレベルにあるのかを知るための「聴き方のレベル」を5段階に分けて説明しています。9割以上の方がこのどれかに当てはまります。

第2章では、テクニックを駆使しても傾聴力が上がらない理由について触れていま

す。物差しとして、読者の方自身の心の特徴を知るための「ヴォイスカラーテスト」を用意しました。

第3章では、私が独自に開発した、従来のセオリーを打破する「脳に直接働きかけるワーク」を紹介しています。傾聴力に必要なことは手つかずの脳の領域を「音楽リーディング」によって開発することです。

第4章では、開運体質になれる具体的な方法やエネルギーの高め方に触れています。私の知る天才的な経営者や誰もがうらやむ開運体質の方は、もれなく「身口意《しんくい》」を実践しているという共通点がありました。

第5章では、神傾聴にたどり着くための総仕上げの話をしました。

ぜひ、楽しみながら読み進めてもらえればうれしいです。

神傾聴にたどり着くためのステップ

山はやみくもに登ってはいけません。地図も見ずに頂上を目指すのは危険です。

でも、ルートに沿って一歩ずつ登れば、必ず頂上にたどり着くことができます。

「人間神社」もこれと同じです。

この本に書かれたステップを、焦らずに1つずつ実践してみてください。

大丈夫です。繰り返しになりますが、あきれるほどに簡単なので、誰にでも必ずできます。

まずは人の話をジャッジせずに、ただ聴くことから始めてみましょう。

それだけである日、突然、すべての願いが叶い始めます。

本当に不思議なことに、どうしても開かなかったドアが、ある日突然、開くのです。


なぜだと思いますか?

詳しいことは本文に譲りますが、一言でいえばこういうことです。

「人と人の関わりには、無限のエネルギーが存在しているから」。

人にエネルギーを与えたりもらったりできる人は、魂の交流をしている人です。

さて、前置きはここまで。

私と一緒に、人生を変える旅に出ませんか??

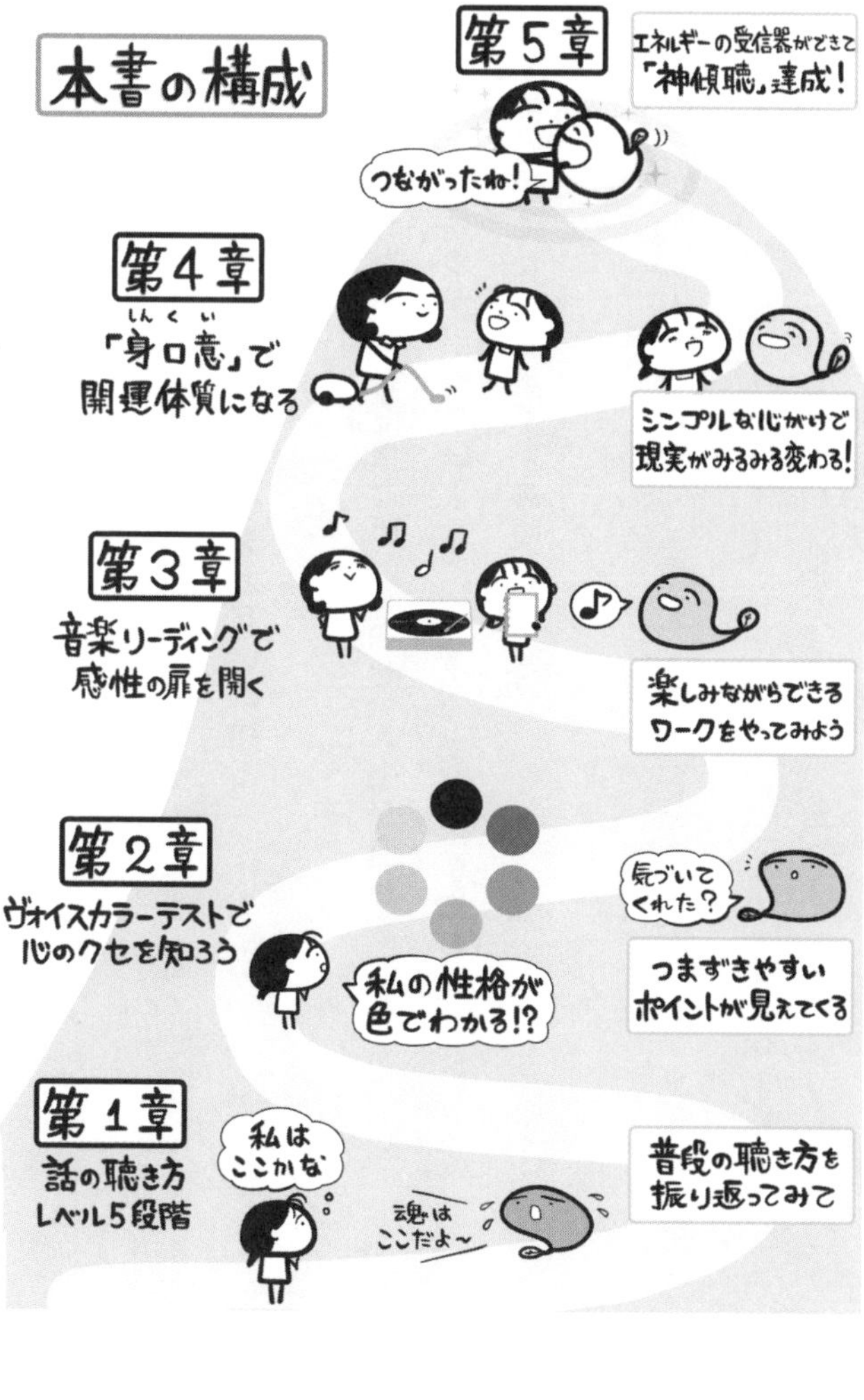
本書の構成
第5章
エネルギーの受信器ができて「神傾聴」達成！
つながったね！
第4章
「身口意《しんくい》」で開運体質になる
シンプルな心がけで現実がみるみる変わる！
第3章
音楽リーディングで感性の扉を開く
楽しみながらできるワークをやってみよう
第2章
ヴォイスカラーテストで心のクセを知ろう
私の性格が色でわかる!?
気づいてくれた？
つまずきやすいポイントが見えてくる
第1章
話の聴き方レベル5段階
私はここかな
魂はここだよ～
普段の聴き方を振り返ってみて

目次

CONTENTS

第1章

「神傾聴＝心で相手の話を聴く」みたいに思っていませんか？

第2章

まずは自分の「心のクセ」を取り除き、人生を軽やかにする

第3章

次に「感性の扉」を開き、現実をカラフルに表現していく

第4章

最後は「コイツめ！」の〝怒り脳〟を〝幸せ脳〟に変えるだけ

第5章

そして、何をしても幸福が先回りする「オートハッピー」ステージへ

装　丁　原田恵都子
本文デザイン・DTP　荒木香樹
イラスト　ネコっち
構　成　堀容優子
編集協力　山本櫻子
校　正　ペーパーハウス
編　集　荒川三郎（KADOKAWA）

序章

“人間神社”とは、あなた自身が「最強のパワースポット」になること

言葉によるテクニックにとらわれすぎると、コミュニケーションの本質を見失ってしまいます。お互いを本当に理解する「神傾聴」が身につけば、幸せが次から次へと舞い込むようになります。

言葉の解釈は人によって違う

私たちのコミュニケーションの手段は、もっぱら言葉です。

言葉で会話が成り立っていることを考えると、言葉のやり取りがコミュニケーションのすべてであると考えがちです。

でも、**言葉ってとても曖昧なもの**だと思いませんか？

たとえば「愛」という言葉。みんなが大好きな言葉で、とても素敵な言葉です。あたたかさとパワーに満ちていますよね。この「あたたかさとパワー」が愛の本質なのではないでしょうか。

ところが「愛」という言葉を耳にしたり目にしたりしたとき、人はそれを身近なものに置き換えて考えます。抽象的な概念を具体的な形にして解釈してしまうのです。

その解釈は人によってそれぞれ異なります。

今、恋愛のさなかにいる人なら、相手に尽くすことが愛と思うかもしれません。こよなくお子さんを愛している人なら、ときには厳しく接することが愛となるでしょうし、深い信仰心を持っている人なら宗教的な愛こそが真実の愛と考えるでしょう。

こんなふうに「愛」について、おそらく多くの人がその本質を「あたたかさとパワー」であると認識し、それが人と人との間だけでなくこの世のあらゆるものとの間に存在しているにもかかわらず、その人の「言葉による解釈」が入ることによって意味を限定してしまうのですね。

この「それぞれの解釈によって限定されてしまう」ことを思えば、言葉に頼るだけのコミュニケーションは不完全だともいえます。

だから私たちが大切にすべきは、「愛」という言葉を自分のフィルターを通して解釈することではなく、「愛」そのものが本来持っている、あたたかさやパワーを感じることなのです。

本当に大切なのは言葉によるコミュニケーション（＝言葉の解釈）ではなく、言葉を超えた先にあるお互いの「本当のところ＝本質」に迫ること……つまり魂と魂を触れ合わせ、お互いを理解し合うことです。

でも、私たちは日々の忙しさやストレスで、それを忘れてしまってはいないでしょうか？

その結果、トラブルを招かないための「話し方マニュアル」や「聞き方マニュアル」が世の中に溢れているように思えます。言葉によるコミュニケーションだけにとらわれてしまえば、どんなに質のいいコミュニケーションを追い求めようとも、本質からは遠ざかっていくばかりです。

単なる言葉のやり取りにすぎなかったコミュニケーションを「魂レベルでの交流」に昇華するのが、この本でご紹介する「神傾聴」です。

「傾聴＝頑張って聴くこと」ではない

「傾聴」という言葉はみなさんも一度は耳にしたことがあると思います。世の中が複雑な今、精神的な不調を抱える人が多くなってきています。

家庭に居場所を失った家出少年・少女の問題や、孤独なお年寄りが増えていることもあり、そうした方々に寄り添い、共感しつつ話を聴く「傾聴」が大切とされるようになりました。

もう1つ、傾聴が注目を集めるようになった理由があります。

昨今の起業ブームでカウンセラーやコーチとして独立したい人を対象にしたセミナーが活発に開かれるようになり、そのカリキュラムに傾聴が含まれるようになったのです。

こうした職業では、クライアントの話を聴いて理解することが前提になります。傾聴がカリキュラムに入ってくるのは当然といえば当然なのですが、ここで「傾聴」に対する誤解が根付いてしまったのではないかと私は感じています。

というのも、こうしたセミナーで教わる内容は「相手の言葉をとにかく受け止めましょう」「相手の言葉をオウム返しして、相手に共感したことを感じてもらいましょう」など、少々失礼な言い方になってしまいますが、テクニックが先走っているように感じられるからです。

その影響で、「傾聴＝相手の話を頑張って聴くこと」と理解するようになった人が少なくないように見受けられます。

でもこれ、何か違うと思いませんか？

カウンセラーがいかにも自分に共感してくれているように話を聴いてくれれば、確かにクライアントはその場では癒されるでしょうし、スッキリもするでしょう。

ですが本当にそれでいいのでしょうか？　話を聴く側（カウンセラー）が「この話、ちっとも共感できない」とか「なんでこの人、理屈の通らないことを言っているんだろう」と感じつつも、「傾聴＝頑張って聴くこと」のセオリー通りに表面だけを取り繕っているとしたら……⁉

クライアントにとっても失礼ですし、カウンセラー自身も自分の意に沿わないことを話していることになります。自分を偽ることは、自分を粗末に扱う行為です。

そのうえ、二度と返ってこないクライアントと自分の時間を無駄にしているのです。

日常生活でも「聴いてるつもり」は多い

カウンセラーとクライアントという極端な例を出してしまいましたが、これに似たことは家庭や職場、夫婦やプライベートな友人関係や恋人同士の間など、さまざまな関係で起こっているのではないでしょうか。

お互いに伝えたいことを伝えたつもりが、相手には届いていなかったという経験を多くの人がされていることでしょう。

親や上司は、子どもや部下が何を考えているのかさっぱりわからないと嘆き、子どもや部下は、親や上司は自分たちを理解せず、上からものを言ってくると感じています。

夫婦や友人同士、恋人同士も同様です。異性同士のパートナーの場合、女性が男性について「私の話を何も聴いていないいんです！」と怒るケースが多いようです。男性に確認してみると「そんなことはありません。ちゃんと話は聴いています」と言います。

実はこの「聴く」の定義が問題で、単に「言葉を物理的に聴いている＝言葉として耳に入ってきている」だけだったりします。

人の運不運は人間関係のエネルギーに左右される

言葉だけのやり取りで満足できるというのであれば、それはそれでいいと思います。世の中にはあまり人と関わりを持たずに生きていける人もいます。そういう人にはかえって人間関係は煩わしいものになるので、特にコミュニケーション不全が問題になることもないのかもしれません。

でも多くの人にとって、健康やお金と並んで「良好な人間関係」が人生を幸せに生きるための3大要素の1つになっているのではないでしょうか。

その**幸不幸と大きく関係してくるのが「人間関係がもたらすエネルギー」**なのです。

人は大きなエネルギーに取り囲まれて生きています。エネルギーについてはのちほど本文で詳しくご説明しますが、私たち1人ひとりも「生命体」というエネルギーです。

聴いてるつもり？
傾聴が形だけになってしまうと…
共感と笑顔！
おっしゃる通りです！
そうなんです それで…
早く話が終わらないかな…
聴いてくれてスッキリしました！
本当はちっとも共感できない
本質を見失ったコミュニケーションになってしまう
理解し合うことが大切だよ

生命体というエネルギーの塊である私たちの中には、無限の宇宙とつながるものが存在しています。ちょっと話が壮大になって目が白黒してしまうかもしれませんが、まあ聞いてください。

この無限の宇宙とつながれるエネルギーの中核をなすのが「魂《たましい》」と呼ばれるものです。「魂」は心や思い、思考と混同されがちですが、そのいずれとも違います。

この「魂」が発するエネルギーによって、人は他者と本当の意味でつながれます。私が先ほどから「言葉を超えたところにある魂と魂の触れ合い」と言っているのはそのことです。

そして重要なのが、魂の交流から生み出されるエネルギーこそが、私たちに幸福感をもたらすという事実です。

最近ツイてないな、とかちょっと運気が下がっていると感じたとき、視《み》えない存在の力をお借りしたくて神社仏閣をお参りしたり、自分のエネルギーを高めるためにスピリチュアル的なものにすがったりしたくなりますよね。

そうした行動をとりたくなるのも、私たちが視えない大きなエネルギーの存在を普段から感じ、自分がそこにアクセスできることを無意識に知っているからだといえます。

それも意味のないことではありません。あなたにとって必要なことだと感じたら、どんどんやっていただいていいと思います。

ただ、これだけは覚えておいてください。

それは、**自分以外の誰かと言葉によるコミュニケーションをするだけでなく、本当の意味での魂の交流ができるようになれば、あなた自身がエネルギーの源泉となり、最強のパワースポットになれる**ということです。

言い方を変えれば、**自分自身が「人間神社」になること……それが神傾聴で可能になる**のです。

この本ではあなた自身が、神傾聴を通じて「人間神社」になるためのメソッドを詳しくご説明していきます。

「神傾聴」はこうして生まれた！

ここで、このメソッドの生みの親である私自身について少しお話しさせてください。先ほどから頻繁に「本当のところ＝本質」とか「エネルギー」といった言葉を使っていますが、実は私は、子どものころからものの本質やエネルギーを感じ取る力、共感覚といったものをそうとは知らずに身につけていました。

共感覚というのは、ある刺激に対して通常の感覚だけでなく、別の感覚が生まれる知覚現象のことをいいます。

たとえば花を見たとき、通常であればその花の色や香りは感じますが、それ以外のことを感じる人はあまりいないでしょう。

ところが私は「この黄色いバラの花には、ブランコに乗っている妖精がいる」とか「このバラは特に気品があるから、きっと結婚式で花嫁さんが持つブーケに使われるに違いない」というところまで感じてしまうのです。

これは一例で、一事が万事そんな感じでした。今になって振り返れば、何かに触れたり何かを見たりすると、そのものが持っている意識とつながってしまっていたように思います。

意識を合わせることをスピリチュアルの世界では「チューニング」といいます。ラジオを聴きたいとき、ダイヤルを回して受け取りたい電波の周波数に合わせますが、それと同じことをごく自然に行っていたイメージです。

バラの花を見るとそこで自然にチューニングが行われてしまい、チューニングした情報が入ってくるのです。

こんな子どもだったので、意図せず人の感情を先回りして読むこともできていました。それゆえの苦労も多かったです。

たとえば、親が外出先から私の好きなお菓子を買ってきてくれたとき、普通の子どもなら単純に喜ぶと思います。ところが私は「お母さんがこれを買ってきたのは、まず私を喜ばせておいてそのあと何か（たいていの場合勉強でした）をさせようとしている」とわかってしまうのです。

また私には弟がいるのですが、弟とテレビのチャンネルの奪い合いのようないさかいが起こりそうになるたびに、「ここは私が我慢したほうがお母さんは納得するだろう。弟の好きにさせておいたほうが得策だ」と判断してしまうこともよくありました。

学校の先生の考えていることもわかりました。「先生はこういうことを基準にしてこの子を学級委員長に選んだんだな」とか、「鼓笛隊《こてきたい》として優先的に選ばれるのはこういう子だろうな」とかいったことです。

友達関係も同様でした。こういうふうに接すれば仲間外れにならずにすむと考え、長いものには巻かれたほうがいいということをよく理解していたと思います。

営業パーソンとしてはチューニング能力が役に立った

私のチューニング能力は、人に悪く思われず、自分の評価を下げず、仲間外れにならないためには役に立つ能力だったと思います。

きわだってそれを実感できたのは、社会人になってからです。

リクルートに就職して広告営業の仕事をするようになってからは、この能力を才能として開花させることに成功しました。

リクルートではちょうど、ホットペッパーの立ち上げの時期で、お店に飛び込み営業をして少しでも多くの広告を取ってくることが至上命令となっていたころでした。

通常だと数打ちゃ当たる方式で、片っ端からエリアのお店を訪ねるところですが、私はここでチューニング能力を使いました。

そのお店が広告を出すのか出さないのかが、お店の前まで足を運んでお店を見ただけでわかったのです。

広告を出す気がないお店に飛び込んでも、お店にとっては迷惑となり無駄足になるだけなので避けました。

ここは成功するぞと感じたお店の中でも、なるべく規模が大きいところを狙ったほうが成果は大きくなると考えました。

そうして実行した結果、思い通りに次々と契約を取ることができました。

当時、営業パーソンの間では1ページの広告を取れれば御の字といわれていたのですが、私はそれを連発していたので、同僚たちに「神営業の中島」と呼ばれるようになりました。

仕事で成果につながった、その手法はきわめてシンプルなものです。

お客様のところに行っても、あえて名乗りもプレゼンもしないのが私のスタイルでした。だって、「〇〇の中島です。こんないい広告媒体がありまして……」と話しかけたところで、相手は「また営業か」とうんざりするだけでしょう？

私がしていたことは、店内に入って「このお店、いいですね。築何年くらいなんですか？」とか「このアップルパイ、おいしいですね。どうやって作るんですか？」とかいう質問をするだけです。

広告の「こ」の字も出さずに、純粋に自分が興味を持ったことや気になったことを聞いていました。お店の方は気分よくそれに答えてくれました。

そうこうしているうちに、お客様のほうから「ところであなた、何をやっているの？」と尋ねてくださいます。

そこで初めて「広告の営業をしているんですよ。すごくいい媒体があるんですけど……」と自分のことを話すようにしました。

すでに交流が生まれているので、そこからは早かったです。

「ちょうど広告を打とうと思っていたところなので、あなたに頼もうかしら」という流れになっていくというわけです。

特に意識はしていなかったのですが、**そのときすでに「神傾聴」を実践していたの**だと思います。

自分で言うのもおこがましいですが、私がお相手の心の奥底にある、いちばん「ここにこう来てほしい」というところに働きかけていたのでしょう。

そこでお相手の方の本音がにじみ出たところに、「それならいいものがありますよ」と提示するわけですから、簡単にクロージングができ、仕事の成果という形になった……そういうことなのではないでしょうか。

自分の内から出てくる「こうしたほうがいいかな？」という声に従っていたら自分の望ましい方向に物事が運んでいき、お客様にも喜ばれ、社内での評価も上がって

「三方よし」になったというのが真相です。

このやり方が、言葉を超えたコミュニケーションというスピリチュアル要素を含むものだとは、当時は夢にも思っていませんでした。

スピリチュアルの勉強を深めて「神傾聴」の手法を確立

次々に物事がうまくいく、特に努力をしているわけでもないのに自分が望む通りになって周りもハッピーになっていく。そんな数々の経験を経て、やがて「どうやら自分には不思議な能力があるらしい」と自覚するようになりました。

それ以降、私のスピリチュアル探訪の旅が始まりました。

スピリチュアルから自己啓発、果てはさまざまな新興宗教まで、思いつく限りの場に足を運んで、自分の能力とはなんなのかを知るために、多くの時間とお金を費やしました。

その中で「やはり鍵は対人コミュニケーションにある」と感じ、前述した話し方や傾聴のコーチングセミナーにも積極的に参加してきました。

スピリチュアル実践の日々
手あたり次第なんでもやった
波動が上がってきた…
良い気分で過ごす…
幸せの引き寄せ
開運グッズ
パワースポット
天使
なのに…
それどころかなお悪い
何も変わらない
10000
豊かさ〜
収入が上がらない
うっそお宝くじ当選!?
龍神様のご利益!?
叶えた
広いマンション買っても独り
お金だけある
がら〜ん…
天涯孤独
スピリチュアルに走り過ぎて家族と不仲に
ただい…
空間を浄化するの!
ドーン
パワーストーン
なんでこんな物置くんだ!
現実が追いついてこないのはなぜ?
疲れてしまった…
精神世界だけじゃなく現実も豊かになっていくために
大切なのはやっぱり人との関係
満足感と幸福感を高める
地に足を着けて
幸せのカギはコミュニケーション
ただいま
人気のパン買えたよ
ヤッター!
そのための神傾聴なんだ

いろいろな知識を得ることができて、自分が無意識にやってきたことへの理解も深まりましたが、結果的に「これだ！」と思えるような、完全に納得のいく方法論には巡り合えませんでした。

それどころか、失礼ながら、その主張やメソッドの内容に疑問が生じることも少なくなかったのです。

たとえばスピリチュアリストの方々の場合、時として霊的な能力は伸びるものの、現実生活にそれが反映されないということがしばしば起こります。

精神的に崇高なのは素晴らしいことですが、経済的に豊かとはいえず現世との不調和を生んでいたり、周りの人間関係がギスギスしていたりするケースもありました。指導者が現世の楽しさを味わっていないのに、いいケアができるとは思えません。

また、運気をアップさせるメソッドの中には、その通りにやれば経済的豊かさも含めて大きな運気が訪れるけれども、長続きしないというものもあります。

宝くじを当てた人は、統計的にそのあとの人生が波乱万丈になって不運な結果になりやすいのですが、これと似ているといえばわかりやすいでしょうか。

一時的に強運を引き寄せようとすると、その反動も大きくなるものです。

本当に幸福になれるメソッドとは、現実に即していて経済的な豊かさも手に入れられるものです。そこに好不調の波がなく安定していることも大切だと私は思います。

どんなに聞こえのいいことを謳っていても、ここが欠けていれば眉唾です。

「風の時代」に突入し、私たちは物質主義から「情報」「知性」といった無形のものや精神性に価値をおく社会の移り変わりの中にいます。

スピリチュアルブームといわれる昨今、これまで意識したこともなかった「目に視えない魂レベルの世界」に興味を持つようになった人は多いことでしょう。

ですがこうした高度な世界の話を上記のようなことまでカバーしつつ、日常レベルで実践できる具体的な手法に落とし込んだメソッドは、まだ知られていないようです。

少なくとも、そうした世界を網羅してきた私でさえ出合ったことがありません。

そこで、**現実を踏まえて長期的に幸せが続くメソッドとして独自に確立したのが「神傾聴」**なのです。

何か落ちてる
そこのあなた…
おたまじゃくし？
神傾聴への扉を開けてみたけれど…
魂の声を聴くってどういうことだろう？
おたまじゃくしの姿をしておりますが…
誰の中にもいるその人だけの存在です
だってしっぽあるし
これは言ノ葉という葉っぱ型のお守りです
私はおたまじゃくし…ではなく
本書のガイド役魂のタマちゃんです
ですが持ち主の多くは魂の声が聴こえません
それもそのはず…
お金
地位
名誉
映え
いいなあ
私も欲しい！
待ってー！
あれ…迷子…？
気づいてくれない…
魂の持ち主がハッピーになることは
私が輝きをとり戻すことなのです
持ち主に声が届くには神傾聴を知ることが必要なのです
いつしか不幸のデパートに
借金 負債 貧困 病気 別離 孤独
怖ッ
どうしたら気付けるの？
タマちゃんの輝きをとり戻さなくちゃ！
HAPPY!
早くその先へ…
フラ
フラ
大変！
この道の先にあるのは
誰もが人生に奇跡を起こせる
オートハッピーステージ…

第1章

「神傾聴＝心で相手の話を聴く」みたいに思っていませんか？

魂と心は混同されがちです。でも心って意外とブレやすくて魂とは別物なのです。「相手の話を心で聴く」といえば聞こえはいいですが……神傾聴を実践するうえでは、そこには少し注意が必要です。

人は自分の話をしたい生き物

聴けているようで聴けていない……それが他人の話です。

一応、会話が成立しているようではあるけれども、実はお互い一方的に自分の言いたいことを言っているだけということが多いのです。

なぜ、このようなことが起こってしまうのでしょうか。

本音をいえば「自分（だけ）が話していたい。それを聴いてもらいたいから」です。

それをいちばん強く感じるのが、女性のグループがおしゃべりに興じているときです。

あるとき、ランチをしているマダムたちの会話に、私は思わず耳を傾けてしまいました。みなさん自分の言いたいことを言い続けているだけで、まったくお互いの話がかみ合っていませんでした。

「私この間、ハワイに行ってきたのよ」と誰かが言えば、次に口を開いた人の言葉は「私なんかね、この間、主人がハンドバッグを買ってくれてね」だったりします。

次の人もその次の人も「私はね……」「私はね……」「私はね……」と私・私・私のオンパレード!!

まさに「傾聴」の「け」の字もない状態が延々と続いていきます……。

ちょっと皮肉っぽい言い方をしてしまいましたが、別の見方をすればその方々は、ご自身の欲望にとても素直なのだと思います。

だって**人間は基本的に「自分がいちばん」な生き物**だからです。自分がいちばん大事で、自分自身が気持ちよくなることが最優先。そういうエゴを持っているのが人間です。

だから本能に従って「自分（だけ）が話し手でありたい」を実践してしまっているのです。

話の聴き方にはレベルがある

話の聴き方にはその人自身がよく現れていますよね。

この**人それぞれの話の聴き方の特徴をタイプ別に分けて、レベル1から5までに区分**しました。

ほとんどの方は、この5つのどこかに属しています。

あなたの場合はどれに当てはまるでしょうか？

仲のいい友達やパートナーと、あるいは職場で取引先やお客様と、普段どんなふうに相手の話を聴いていますか？

具体的なシーンを思い浮かべながら読んで、判断してみてくださいね。

話の聴き方レベル1「相手の話を無視する」

「私がね……」「私はさ……」と、自分のことばかり話し続けるのはレベル1となります。このレベルにいる人は、**話すときにとにかく主語が自分であることが多い**という特徴があります。

これ、子育てをしたことのある方や、子どもに関わるお仕事をされている方なら心当たりがあるのではないでしょうか。

そう。小学校入学前までの子どもと同じなんですね。

小さなころは自分以外の人の思惑を想像できず、自分中心にしか物事を考えることができません。

自分を客観的に見ることもできないので、「自分！　自分！　自分！」で押し通してしまいます。「自分がいちばん」という人間の本能をむき出しにしても許されるのが、就学前の子どもというわけです。

話の聴き方レベル2「相手の話を聴いているふりをする」

さて、幼稚園や保育園を卒園して、いよいよ小学校に入学します。

ちょっと社会性が出てきて、あまりに自己中心的だとお友達に嫌われちゃうかも、と感じるようになっていくのが小学校低学年〜中学年です。厳密にいうとこのころが、話の聴き方レベルとしては1・5というあたりでしょうか。

そこからさらに、目上の人への言葉遣いや協調性といった対人関係を学んで、「お友達の話も聴いてあげないといけないんじゃないか」と気づくのが小学校高学年くらいです。ここで一段上がったレベル2となります。

ただし、「聴いてあげなきゃ……」と思っているだけで、やっぱり話したいのは自分のことです。

レベル1の「自分がいちばん大事」を押し隠してのレベル2ですから、人の話は聴いているふりをしているだけで、実際には聴いていません。まだまだ、傾聴とは程遠い状態です。

実は、大人になってもこのレベル2にとどまっている人が多いと言うと驚かれるでしょうか。先ほどのランチタイムのマダムたちも、ここに属するイメージです。

レベル2の人は、会話の途中で「それもいいけど、実はさ……」とか「でもさ……」「だってさ……」とかいう、話を自分のチャンネルに切り替える言葉をよく使います。周囲にこのセリフを連発している大人はいませんか？　あるいは自分自身が連発していませんか⁇

また、「自分のことを話したい」という欲求は、自分自身のことに限った話ではありません。たとえば、営業パーソンが契約を取りたいあまり、相手の気持ちを考えないで自社製品のゴリ押しをするような場合もこれに近いといえます。

営業パーソンの場合はさらに、相手の話を聴きながら「自分は次に何を話そうか」まで考えを巡らせます。お客様と話をする目的は「相手を説得して自分の売りたいものを買ってもらうこと」なので、相手が自分に不利なことを言い出したらどう反論して自分に有利に話を運ぶかが重要だからです。

一見、相手の話を聴いて受け入れているように見せかけつつも、実は腹の中は違っていたりするので、敏感なお客様は怒り出すでしょう。

話の聴き方レベル3「相手の話を選択的に聴く」

レベル2から少し先に進んで、**「自分に必要なことだけを選んで聴くようになる」**人たちがいます。ちょっと高度な技術が必要とされるので、私はこういう聴き方を「レベル3」とランクづけています。

一応、人の話を聴いてはいます。内心「こんな話、興味がないんだけどな」と思いつつ、「ああ、そうなんだ。ふーん」と相づちを打つので、相手が素直な人なら「自分の話を聴いてくれている」と感じるかもしれません。

でも実は、聴き手側は「早くこの話、終わってくれないかな」と思っていたりします。

ところがそのうち、**聴き手にとって興味のある話になると、俄然、熱心に聴くようになるのがレベル3の人の特徴です。**

たとえばお金や株式投資の話になったとたん、熱が入って身を乗り出すようにして「何それ？　どこの銘柄？　今どんな感じで株価が上がってるの？　企業業績は？」などと食いついていきます。

ビジネスパーソンにもっとも多いのがこのタイプです。

「この話は使えないな」と思いながらも表面上は礼儀正しく聴くふりをしておいて、使えそうな話題、自分にとって得になりそうな話が出ると「それ、どういうことなんですか？」などと熱心に聴いてきます。

人を取りまとめるチームリーダーや会社の役員クラスの方であっても、レベル3に属している人は多いイメージです。

部下が余計な話をし始めたら「これはどうでもいいわ」と右から左に流しておいて、大事なところだけ「もっと詳しく聴かせてほしい」と言ったりします。

レベル3の人は「要点だけ言って」や「まずは結論からお願いします」というセリフをよく使います。

○ビジネス上はいいがプライベートではよくない結果を招く

このような聴き方は、ビジネス面では決して悪くはありません。むしろ効率的で、ビジネスのやり方としては正しい一面もあります。

でもここに落とし穴が潜んでいます。**ビジネス面で通用することをそのまま、プライベートでもやってしまっている**のです。

自分にとって大切な人と真正面から心と心を通わすコミュニケーションを取りたいと思っていたり、その人のことを本当に知りたくてちゃんと話を聴きたいと思っていたりはするのに、ビジネスで培われた「効率的な聴き方」が悪いクセとして出てしまうというわけです。

親密な人との関係で本当はやってはいけないことを、無意識にやって相手を怒らせてしまっていませんか？

○妻の夫に対する怒りの原因ナンバー1「私の話を聴いていない！」

私のもとには夫婦関係の悩み相談が多く寄せられるのですが、そのうち奥さまからの相談でよく来るのが「話をまともに聴かない夫へのおさまらない怒り」です。

一方的に聴いた話を鵜呑みにするのもよくないので、可能な限りご主人の側の話も聴くようにしているのですが、すると必ず「いいえ。僕はちゃんと妻の話を聴いています」と返ってきます。

この聴いている・聴いていないのズレはどこからくるかというと、単に物理的に耳に入れているか・相手（この場合は妻）が本当に言わんとしていることは何なのか理解しようとして聴いているかの違いからです。

よくよくご主人の話を聴いていくと、案の定「選択的に聴きたいことだけ聴く」あるいは「興味のないことや関係のないことは聴くふりをしている」という人が多かったです。

話の聴き方レベル4「相手の話を注意して聴く」

話の内容によって「聴くか・聴かないか」を決めることなく、相手の話のすべてを注意して聴くことができるのがこのレベルの人たちです。

「相手の話を注意して聴くことくらい常にしてる」と思う人は多いかもしれません。ですが、これが案外できていないものなのです。

たとえば、こう質問するとどうでしょうか？

「好意を持つ人の話を注意して聴くのはみんな一緒です。興味がない相手や、口うるさい人の話まで注意して全部聴けていますか？」

もし、自信を持ってYESと答えられるなら、あなたは合格。このレベルにいると言っていいでしょう。

5段階のレベルでもっともボリュームがある層はレベル3です。その上をいくレベル4まで到達できれば、一般的な見方からすると「聴き方としては一流」になります。

相手の話していることを自分の言語に置き換えてとらえることができるので、きちんと相手の話を受け止めることができますし、話し手も「この人、自分の話をちゃんと聴いてくれている」という実感を持ちやすいでしょう。

とはいえ、神傾聴という観点に立つと、もうちょっとがんばって！と言いたくなります。というのもこのレベルの人は、相手の話を自分の体験と照らし合わせて、自分の言葉として解釈してしまうクセがあるので、自分の思い込みの範囲でしか相手を理解できないということが起こってくるからです。

このレベルに多いのは、カウンセラーや一般的に聴き上手といわれる職業の人たちです。銀座のママや人気が出るホステスさんなどもこのレベルにいることがあります。

カウンセラーの場合、親身に話を聴いてくれて理解しようとしてくれるのですが、要所要所で「なるほど。それはつまり○○ということですね」と自分の言葉で話をまとめたりします。

これがちゃんと相手の心の奥からのエネルギーを読み取れていれば、一流のカウンセラーになります。

けれどもこのレベルにいる人に話を聞いてもらっても、相手としては内心、「そう言われればそんな気もするけど、自分が本当に言いたいのはそういうことじゃないんだけどな……」と若干の違和感を覚えることがあります。

私はコールセンターのオペレーター研修をお任せいただくことが多いのですが、そのときによく言うのが「口ではうまいことを言っても、本気で聴いていないことはすぐにお客様に伝わってしまいますよ」ということです。

口では従順そうに「はい。そうですね。わかります」と言ってはいても、腹の中で「どう反論して自分の話に引き込んでやろうか……」と思っていると、必ずお客様から「あなた、私の話、ちゃんと聴いてる？」とクレームが入ってしまうのです。

人間というのは思っている以上に相手の声からいろんな情報を得ています。顔を見なくても声の調子だけで、相手が何を考えているかわかってしまうことがあるのです。

また、クレーム処理のときも馬脚を現しやすいです。口では「申し訳ございません」を繰り返しつつも、頭の中は「次、なんて言えばいい？　次、どうしよう？」でいっぱいになってしまいます。

これも相手に伝わって、『『申し訳ございません』を繰り返せばいいと思ってるんでしょ!?』と火に油を注ぐようなことになります。

話の聴き方レベル5「相手に感情移入して聴く」

この段階に達すると、**相手の感情を汲み取りつつ、自分も感情を動かしながら聴こうとするようになります**。いわゆる「心と心の触れ合い」というコミュニケーションがこれに近いといってもいいかもしれません。

相手の話を聞きながら、自分がそれを疑似体験するかのように聴く聴き方です。相手を理解するという意味では、これまで出てきたどれにも勝る聴き方です。

カウンセラーの育成学校でよく生徒に実践させることなのですが、相談者のつらい体験談に対して「おつらかったんですね」と相手に感情移入するような言葉を組み込みながら話を聴くイメージです。

「実は私、こんなことがあって……」と打ち明けたことに対して「それは大変おつらかったですね」と相手の感情を言葉に変換することで、話し手は「この人だけはわかってくれた」と相手を信頼し、安心感や満足感を覚えます。

スピリチュアルカウンセラーやNPO法人でボランティアをする方々は、このレベル5に到達していることが多いです。

レベル5の傾聴力があればあらゆるシーンで役に立ち、高度なコミュニケーションができます。相手の心を救ったり、相手に施したりもできるようになるでしょう。

ただし、この聴き方には気を付けなければいけないことがあります。

相手に共感して聴くことはそれだけ相手を尊重することではありますが、見方を変えれば相手の言うままに引きずられてしまい、真に相手を理解するということにはダイレクトにつながらない場合もあるからです。そうしたケースでは、相手の本当のところを受け止めていることにはなりません。

レベル5は「傾聴ボランティア」のイメージに近く、相手を満足させることにやりがいや生きがいを見出したい人に多い聴き方でもあります。

○「聴いてあげること」で承認欲求を満たしている可能性も

誤解を恐れずにいえば、傾聴ボランティアをしている人の中には、自分が役に立つ人間であることを証明したいという承認欲求を抱えていることもあるのではないかと私は思ってしまいます。

その度合いが強くなると、**共依存的な関係**を作りやすくなります。

共依存とは自分自身の問題に向き合うよりも、自分以外の人の問題に目を向けてその問題を引き受けてしまい、相手もその人を頼りにすることで互いに過剰に依存し合う関係をいいます。

共依存は、必要以上に他人に寄り添いたがる人が陥りやすい傾向があります。

「私がこの人にいろいろな援助を施すことで、この人の役に立っている」という、言葉は悪いですが「上に立っている感」が承認欲求を満たしてくれるというケースもあると思います。

とはいえ、自分自身が本来向き合うべき問題から目をそらすために自分以外の人のことで躍起になっているというのが真相なので、やってもやっても満たされることはありません。

場合によっては相手にもたれかかられすぎて、自分自身がパンクしてしまうこともあり得ます。**「承認」を相手に求めたり、求められたりする「依存」が重なることで成り立っている関係性は、結局はお互いに疲労してしまう**からです。

人から頼りにされると生きがいを感じるという人は、一度、自分が「人にしてあげること」で承認欲求を満たしていないかどうか、自らを振り返ってみることをおすすめします。

「心で聴く」ことが聴き方の最上級とはいえない

ここまで「聴き方レベル1〜5」についてお話ししてきました。

この基準でいえば「レベル5」が最高レベルであるにもかかわらず、私の評価が辛口であることにお気づきになったことでしょう。

私がこのように厳しい評価を下すのには2つの理由があります。

1つ目は**「言葉だけに頼りすぎていること」**、2つ目が**「心でしか聴こうとしてい**

ないこと」です。

ではそれがなぜいけないのか、順番にご説明していきましょう。

①言葉の受け止め方は人それぞれ

言葉は人によって解釈が違うというのがその理由です。この本の冒頭で「愛」という言葉の受け止め方は人それぞれというお話をしました。

言葉を巡ってはそれと同じことが、いたるところで起こっていると考えてください。

特に抽象的な言葉になればなるほど解釈の幅が広くなり、話し手の訴えたいことと聴き手の受け止め方の間には、大きな違いが生じやすくなります。

○「ありのままの自分を愛しましょう」が生む誤解

たとえば、私が最近特に強く感じるのは、スピリチュアルカウンセラーの方が発する**「ありのままの自分を愛しましょう」というメッセージに関する誤解**です。

あなたという存在はそのままで価値がある、素晴らしい、というのがその主旨です。

聴き方には
レベルがある！
♪♪
神傾聴
魂で聴く
受け止める
エネルギー
循環
レベル
5
感情移入
しながら聴く
おつらかった
ですね
役に
立ちたい
わかって
くれた！
安心
満足
依存
レベル
4
注意して
聴いている
ようで…
つまり
こういう事
ですね
そういう
ことでは…
違和感
レベル
3
聴きたいことだけ
選択的に聴く
それで!?
どうなったの？
この話
使えそう！
レベル
2
聴いている
ふりをする
へえ！
スゴイ
ね～
それで
ね～
レベル
1
自分が
いちばん
私、私、
私～！
圧が
強い

そのこと自体には、私も異論はありません。人はそれぞれかけがえのない存在だと心から思いますし、誰もが自分自身を歪めることなく、素の自分で生きられる世の中の実現を願ってやみません。

でも同時に、この言葉は誤解を生みやすい言葉だなとも思うのです。

人によっては「ありのままでいい＝好き放題にしていい」とか、自分さえよければいいというエゴ丸出しの解釈をする人もいるのではないでしょうか。「ありのままでいい＝成長しなくていい、努力しなくていい」と受け取る人もいるでしょう。ただでさえ誰もが本音を言えば「自分がいちばんかわいい」という気持ちを持っています。

そんなときに「ありのままでいい」と言われたらどう受け止めるでしょうか？

本来の「ありのまま」とは「魂のありのまま」を意味しているはずなのに、いつのまにか「感情のおもむくところのありのまま」にすり替わってしまっています。

こんなふうに本質から離れて、どんどん自分に都合のいいように解釈してしまえるのが「言葉」なのです。

②「心のクセ」を通して聴いてしまっている

「心を込める」「心から祈る」「真心を示す」など、一般的に「心」という言葉はいい意味で使われています。

だから「心で聴く」というのは一見すると素晴らしいことのように感じられることでしょう。

ところが実は「心で聴く」のは素晴らしいどころか危険を孕む聴き方で、一歩間違えば大きな人間関係のトラブルにつながりかねない聴き方なのです。

というのも**人の心にはクセがあり、それがフィルターの役割を果たしてしまい、相手の話の本質を見えなくさせる**からです。

よく「まっさらな心」などと言いますが、実際にはまっさらな心の持ち主はほとんどいません。世の中の大多数の人の心はまっさらではなく、それまでの経験や思考パターンの影響を受けフィルターがかかっています。

たとえばあなたが赤い色のレンズのサングラスをかけているとしましょう。

そのサングラスをかけたまま青い空を見上げたらどうなるでしょうか？　「青い空」という現実の空を見ることはできません。あなたの目に映るのは、サングラスのフィルターを通した「紫色に見える空」となってしまいます。

これと同じことが、人の話を聴くときにも起こっていると考えてください。

相手の人の話をそのまま受け止めるのではなく、あなたの心のフィルターを通して聴くことになります。つまりあなたが聴いた話は、あなたの経験則や価値基準が投影されたものとなり、相手の人の話そのものではないということになります。

だから「心で聴く」というのは人の話の聴き方としては必ずしもいいとはいえないのです。心で聴いている限り、聴き手本人の先入観が入るので、相手の話をそのまま受け止めることはできません。

どんなに心を込めて共感しつつ話を聴いたとしても、神傾聴にはならないのです。

相手の話は「魂で聴く」

心を込めて一生懸命聴くのがダメならば、一体、どういう聴き方をすればいいのでしょうか。その答えが**魂で聴く**ということです。

あなたが相手の話を魂で受け止めることによって、相手の魂を目覚めさせ、揺り動かし、あなたが発するエネルギーと同じものを相手にも生じさせることができます。

魂には心に存在するようなクセもフィルターもありません。魂はまさに「あるがまま」なのです。

○心と魂はここが違う

でも心と魂って、限りなく近いような気がしますよね。明確に区別するのは難しいと感じる人もいることでしょう。

そんな人はこう考えてください。

宇宙には太陽が存在します。けれども、地球上で生きている私たちは大気の影響を受けるので、いつも太陽の光を感じられるわけではありません。

曇りや雨の日は日中でも太陽を見ることはできないし、闇に閉ざされた夜には太陽は存在感を消してしまいます。

でもだからといって、太陽がなくなるわけではありません。この天体としての「太陽」にあたるのが「魂」です。「魂」は変わりません。太陽のようにどんなときでも変わらず存在しているものです。

一方、「心」はどうでしょうか。このたとえでいえば、心は雲に隠れたり雨が降ったりします。絶望的な状況に陥ったときは、目の前が真っ暗になり夜の闇に閉ざされたようになるでしょう。

こんなふうに**状況次第で変化するのが「心」であり、成層圏を超えた向こうで燦然《さんぜん》と変わらない輝きを放つのが「魂」**なのです。

「魂」とつながらない限り「今、ここにいる」ことはできない

私たちの奥深くに、誰もが「魂」を抱えています。

ただ残念なことに、多くの人は魂の存在を忘れてしまっています。**「心」や「思考」こそが自分自身を形づくるものととらえてしまい、そのさらに奥にある魂に気づかない人が多い**のです。

もっと幸せになりたい、もっと仕事で成果を上げたい、もっと人間関係をよくしたいなど、私たち人間にはさまざまな願望があります。でもなかなか成就しません。

実はその原因は、魂の存在を忘れてしまっていて、自分自身が魂とつながっていないからなのです。

○人は常に過ぎたことを悔やみ、未来を不安視する

古くからある宗教や哲学、スピリチュアルの世界では「今、ここにいること」を究極の幸せとしているものが多くあります。なぜならばそれが幸せの本質だからです。

今、この時間だけに集中すること、今、ここにいることに感謝すること、今、ここにいる感覚だけに身をゆだねること……言葉にするとどれも簡単に実現できそうなことばかりですが、ところがこれがとても難しいことなのですね。

というのも、人の心も思考も常に動いているので、よほど意識しないと「今」に集

中することができないからです。

特に「思考」がやっかいです。ちなみに「心」は感情的なもの、「思考」は理性的な判断をするものと考えてください。

社会のスピードが速く複雑になった今、感情をつかさどる心は置き去りにできても、理性的判断をつかさどる思考から逃れられる人はまずいません。

朝、目が覚めたときから今日の仕事の段取りを考え、昨日の取引先からのクレームにどう対処するかに頭を悩ませ、市役所に出す書類の準備、子ども関係の用事、果てはお米があと2合しか残っていないけれども買い物に行く時間がない！　今日の夕食はパスタですますそうか、さてその中身は……という具合に次々と判断を迫られます。

視線は常に少し先にあり、「どうやって今日1日を無事に乗り切るか」で心は汲々としていることが多いのではないでしょうか。その一方で、「あのときああしておけば、今こんなにならずにすんだのに」と過去をほじくり返して後悔することもしばしばです。

なぜ私たちは先を考えて不安になったり、過去を振り返って思い煩ったりするのでしょうか。

それは**「今を生きる」ことができていないから**です。

常に未来フィルターや過去フィルターがかかった状態になってしまっていて、いちばん肝心な「今、ここにいること」が頭からすっぽり抜け落ちてしまっているのです。

そういったものを取り払って、今この瞬間を味わう、この一瞬を楽しむこと……それが「今、ここにいる」ということです。別の言葉では「ゾーンに入る」などとも言います。

コンサートやお芝居、フィギュアスケートなどを見ているとき、歌手や演者が普段よりも素晴らしいパフォーマンスを披露し、鳥肌が立つほど感動した経験はありませんか？

それが「ゾーンに入った」状態です。この世のものとは思えない、神がかったパフォーマンスを見せるとき、その人の頭からはすべての雑念が消え、「今」に集中しきっているのだと思います。

自分の魂の声を聴くことができるのは、そんなふうに未来にも過去にもとらわれず、純粋に「今、ここにいる」状態になったときなのです。

エネルギーはキャッチボールすることで大きくなる

「今、ここにいる」の状態になったとき、人間は自分の魂と一直線で強くつながることができます。

もちろん集中力が散漫なときであれ、悩みに心乱されているときであれ、怒り狂っているときであれ、どんなときでも魂は人の中にあります。でもそんなとき、人は魂とつながってはいません。

そしてここがポイントなのですが、魂とつながっていないとき、その人が本来持っているエネルギーを最大値にすることはできないのです。

エネルギーは物理学の用語ですが、この本では東洋医学でいうところの「気」と同じようなものと考えてください。

過去や未来
外側の出来事に
とらわれていると
あのんは
キラキラしてて
いいな
もっとお金が
あればいいのに
あの時
ああして
いれば…
今を生きる
ことができない
会議の後は
次の打ち合わせ
それから子どもを
迎えに行って…
バタ
バタ
おーい
魂の声が
聴こえなくなってしまう
「今、ここにいる」
生き方を大切にすると
深呼吸
おいしい
魂とのつながりが
強くなる！

「気持ち」「元気」「気力」「気骨」など、日本語には「気」のつく言葉がたくさんありますね。そのどれもが「精神のありよう」を含めた意味を持っています。

たとえば「元気」は体の健康とともに精神の健康度も表す言葉です。また「気」は自分自身の精神の充実度を表すとともに、相手へのいい影響も示唆している言葉ではないかと私は感じています。

「気持ち」は相手に向けるものでもありますし、「元気」な人は周りをも巻き込んで楽しい気持ちにさせてくれます。

「気力」のある人には見ている側も力づけられますし、「気骨」のある人には頼りがいを感じます。

なぜ「気」にはそのような力があるのでしょうか。

それは**「気」がエネルギーであり、エネルギーには「共振共鳴の法則」という同調する性質がある**からです。

エネルギーは共振共鳴する

エネルギーの共振共鳴は音で説明するとわかりやすくなります。

みなさんはギターを弾きますか？　あるいは合唱や弦楽四重奏、ヨガでよく使われるクリスタルボウル（シンギングリン）などの倍音楽器の演奏を聴いたことはありませんか？

ギターを弾く人で、自分以外の人と弾いた経験のある人なら、どちらか一方のギターの弦を鳴らしたとき、もう一方の人が持っていたギターも鳴った経験をしたことがあるのではないでしょうか。

また合唱や弦楽四重奏、倍音楽器の演奏では、それぞれの音が響き合って渦のように大きくなっていき、鼓膜がビリビリ振動するのがわかることがあります。

これが音の共振共鳴です。

私たちが音と認識しているものは、周波数で表されるエネルギーの中の可聴域のものをいいます。

○人と人との間にも同じことが起こる

この共振共鳴は、すべてのエネルギー間で起こります。つまり「元気」や「気力」などで表されるエネルギーを持つ私たち人間の間でも、同じことが起こっています。

気持ちのこもった贈り物をいただくと、相手の温かなエネルギーが伝わってきて自分が大切にされていると感じうれしくなったり、元気な人に会えばこちらの気持ちも引き立てられて明るくなったりするのは、**相手のエネルギーに共振共鳴している**からなのです。

人の悪口ばかり言う人の友達も、同じように人のことを悪く言う人ばかりだったり、逆にすごくやさしくていい性格だなと思う人の友達は、同じように思いやりのあるいい人が多かったりしますよね。

さらに言えば、お金持ちの人には同じようにお金持ちの友達が多く、生活の苦労がありそうな人の友達は同じように経済的に困っていそうな人が多いものです。

これも同じエネルギー同士が自然に惹かれ合い、集まってくることによるものなのです。

魂と魂のコミュニケーションで共振共鳴を起こすのが「神傾聴」

この**エネルギーの共振共鳴の法則を上手に使い、コミュニケーションを通じてお互いのエネルギーを高め合い、満足度と幸福感を深めていこうというのが神傾聴の主旨**です。

あなたが今から神傾聴を学び、自分自身の魂とダイレクトにつながったとしましょう。そのときあなたのエネルギー値は最大に近い状態になっています。

魂とつながっているので、あなたの口から出てくる言葉はただの言葉ではありません。深いところで発せられた魂の言葉です。

この魂の言葉は、相手にも必ず響きます。普段、スピリチュアル的なことについて考えたことのない相手だとしても、あなたの魂の言葉は相手の魂に入っていきます。なぜならばエネルギーの共振共鳴の法則があるからです。

こうして単なる言葉を超えたところにある魂同士でコミュニケーションができるようになれば、もう些末なことは気になりません。

世の中には、根本的にはいい人で悪気はないんだけれども、ついうっかり変なことを言ってしまい相手に「ちょっとイヤだな」と思わせるような人が一定数存在します。

でもあなたが神傾聴をするようになると、相手の失言が減っていきます。なぜならば**神傾聴ができるようになったあなたは、相手の魂に語りかけることができるようになる**からです。

魂で語りかけられた相手は、共振共鳴して魂で返してきます。

もともと「たまに失言はするけれども、本質的にはいい人」なので、本質である「いい人」の部分だけが出てくるようになるのです。

神傾聴にはその人が本来持っているいい部分を引き出し、最大限に発揮させる力があります。

神傾聴の第一歩は、心のクセを取ること

私たちの心には、知らず知らずのうちに思い込みからくるフィルターがかかってい

エネルギーが
共振共鳴して
増大していく

て、自分自身の魂を見えづらくし、ダイレクトにつながるのを妨げています。

神傾聴は自分の魂で相手の魂の声を聴くことなので、まずは自分自身の魂とつながっていなければなりません。

自分自身の心のフィルターをきれいにして、魂とつながる下準備をすることが大切なのです。

続く第2章では、あなたが最大のエネルギーの使い手となるための第一段階として、心のフィルターをきれいにする方法についてお話ししたいと思います。

第2章

まずは自分の「心のクセ」を取り除き、人生を軽やかにする

誰もが「心のクセ」を持っています。普段この心のクセを通して思考したり行動したりしているのが私たちです。声にも現れる心の特徴を６つの種類に分けて「ヴォイスカラー」と名付けました。あなたのヴォイスカラーは何色ですか？

自分の心の特徴、思考パターンを知ることが「神傾聴」の第一歩

私たちの心には「思い込み」というフィルターがかかっています。この「思い込みのフィルター」が厚ければ厚いほど、自分の魂とのつながりが希薄になっています。

この章では、自分の心のクセ（思い込み）からくる思考パターンを知り、心のフィルターを取り除く方法についてご説明していきます。

自分の心のクセがわかれば、自分がどんな思考になりやすいのかを俯瞰できるようになります。

どんなことでつまずきやすいのか、また克服すべき課題は何なのかを知るために、まずは自分の心の特徴を見ていくことにしましょう。

○心のありようを6種類12パターンに分類

私はクライアントさまの心の特徴を分析し、その方の性格や才能、無意識のうちに抱えているコンプレックスやつまずきやすい失敗の例などを知り、今後の人生に役立てるお手伝いをしています。

この手法を模索したとき、私は声の周波数にその人の心が反されているのではないかと仮説を立てました。

なぜ声なのかというと、**人の体の中でもっともわかりやすい周波数を発するのが声だからです。**周波数＝エネルギー、でしたよね。

だから声を分析すれば、その人のエネルギーの状態がわかると考えたのです。

多くのクライアントさまとのセッションを通じ、**たくさんの声のサンプルを元に分析した結果、人の声の周波数は大きく分けると6種類、さらにそれぞれを2つに細かく分けて12の観点から見ることができる**とわかりました。

声の周波数が6種類12パターンに分かれるということは、人の心の状態も同様に6種類12の観点から見ることができるということです。

「12」という数字には音律上、大きな意味があります。歌や楽器をされる方ならご存じかと思いますが、西洋音楽で使われる12音音階に合致するからです。

そこで心の特徴6種類12パターンのそれぞれに、色を割り振ってイメージしやすくすることにし、**声が人の心を映し出すことから、これを「ヴォイスカラー」と名付け**

ました。

この本では簡潔でわかりやすくするために、あえて12パターンではなく基本の6種類に集約してご説明していくこととします。

なお、この6種類はほぼ「チャクラ」と対応しています。チャクラとは東洋医学でいう「気」の通り道のことで、サンスクリット語で「車輪」、「回る」という意味を持つ言葉です。体にはいくつかのチャクラが存在し、肉体的なエネルギーや精神的なエネルギーはこのポイントを通じて体内に出入りしていると考えられています。

ヴォイスカラー診断をすることで、あなたがどういうジャンル・場面でエネルギーを発揮できているか、あるいはどういうジャンル・場面においてエネルギーが不足しているかを知ることができます。

自分の「ヴォイスカラー」を知る

次の6つに色分けしたテストをやってみてください。強く出ているヴォイスカラー

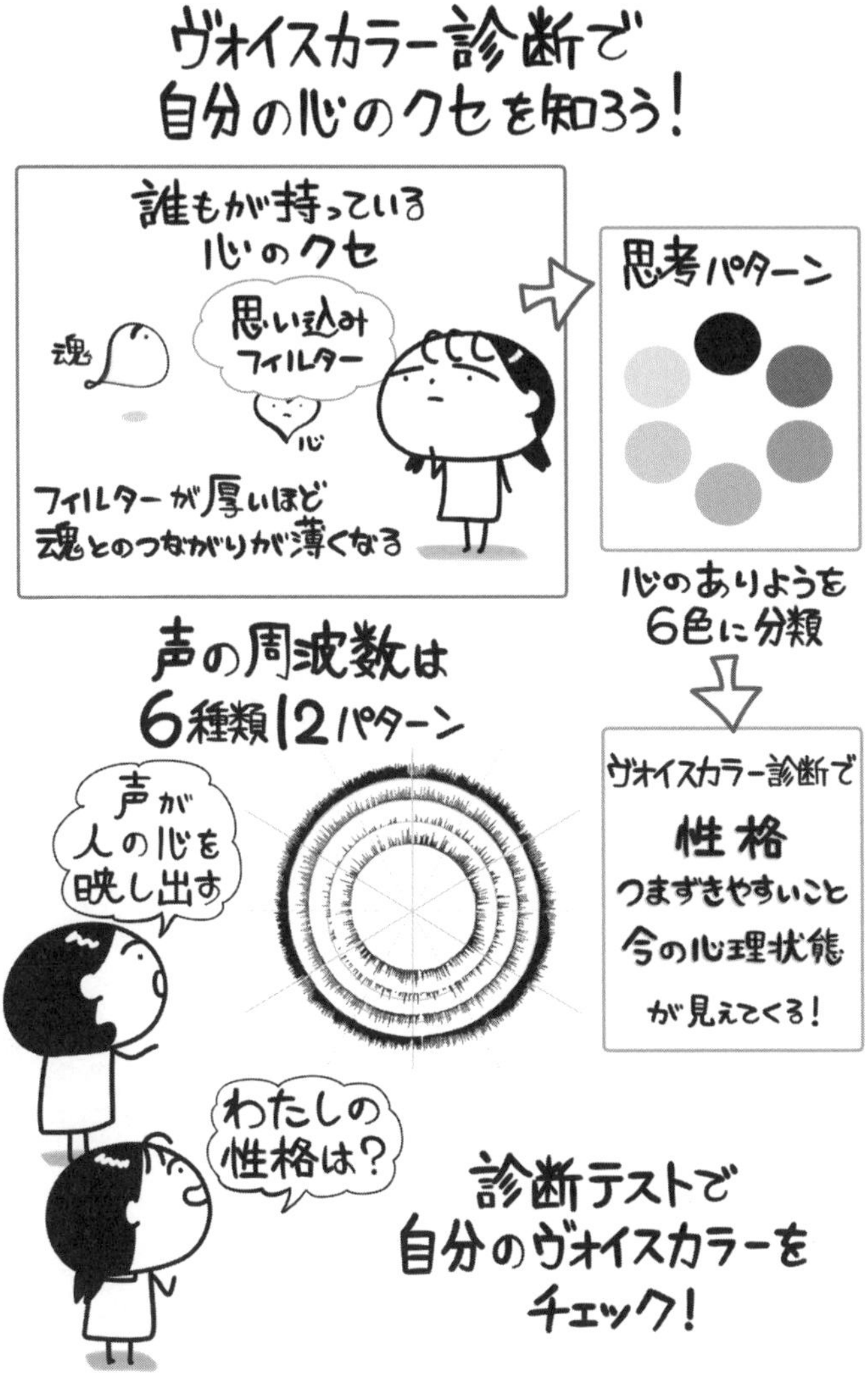
ヴォイスカラー診断で
自分の心のクセを知ろう!
誰もが持っている
心のクセ
思い込み
フィルター
魂
心
フィルターが厚いほど
魂とのつながりが薄くなる
思考パターン
心のありようを
6色に分類
ヴォイスカラー診断で
性格
つまずきやすいこと
今の心理状態
が見えてくる!
声の周波数は
6種類12パターン
声が
人の心を
映し出す
わたしの
性格は?
診断テストで
自分のヴォイスカラーを
チェック!

と、逆に出方の少ないヴォイスカラーがわかり、あなたの心の特徴やつまずきやすい失敗の例を知ることができます。

あまり考え込まず、直感で答えていってくださいね。

〈テストのやり方〉

●次の各質問を読み、「はい」「どちらでもない」「いいえ」のうちもっとも当てはまるものを選んでチェックを入れ、それぞれの合計数を記入しておきましょう。

●全質問に答えたら集計を行い、ヴォイスカラーを診断します。

ヴォイスカラー「レッド」のテスト

1 スケジュール帳が予定で埋まっていると安心する　はい　どちらでもない　いいえ

2 結果を出すことが大事だと思っている　はい　どちらでもない　いいえ

3 やりたいことはすぐに実行しないと気がすまない　はい　どちらでもない　いいえ

4 目標に向かって努力することが大切だ　はい　どちらでもない　いいえ

5 何事もまずはやってみないとわからないと思っている　はい　どちらでもない　いいえ
6 インドアよりも断然、アウトドア　はい　どちらでもない　いいえ
7 いつもテキパキ効率的に動いていたい　はい　どちらでもない　いいえ
8 夢を見るよりも現実を見ることのほうが大切だ　はい　どちらでもない　いいえ
9 自分は「花より団子」を選ぶ人間だ　はい　どちらでもない　いいえ
10 じっとしているより、体を動かしているほうが性に合っている　はい　どちらでもない　いいえ

「はい」の合計数 □　「どちらでもない」の合計数 □　「いいえ」の合計数 □

ヴォイスカラー「オレンジ」のテスト

1 トレンドには敏感なほうだ　はい　どちらでもない　いいえ
2 刺激や感動のない人生なんてつまらないと思う　はい　どちらでもない　いいえ
3 自分は本能に従って生きる人間だ　はい　どちらでもない　いいえ
4 グルメなほうだと思う　はい　どちらでもない　いいえ

5　フレグランスや柔軟剤にこだわりがある　はい　どちらでもない　いいえ

6　映画や劇を観賞するのが好きだ　はい　どちらでもない　いいえ

7　物事を始めるにも持続するにもモチベーションを大切にしている　はい　どちらでもない　いいえ

8　物事を「好きか嫌いか」で判断することが多い　はい　どちらでもない　いいえ

9　アロママッサージやヒーリングが好きだ　はい　どちらでもない　いいえ

10　子どもが好きで小さい子と遊ぶことは苦にならない　はい　どちらでもない　いいえ

「はい」の合計数 □　「どちらでもない」の合計数 □　「いいえ」の合計数 □

ヴォイスカラー「イエロー」のテスト

1　ユーモアを大切にしていて人を笑わせるのが得意だ　はい　どちらでもない　いいえ

2　気になることを調べていたら夜更かししまうことがある　はい　どちらでもない　いいえ

3　「性格が明るい」と言われることが多い　はい　どちらでもない　いいえ

4　一人になれる時間がないとつらい　はい　どちらでもない　いいえ

5　よく「マイペースな人」と言われる　はい　どちらでもない　いいえ
6　人に変わっているねと言われる趣味がある　はい　どちらでもない　いいえ
7　ブログなど個人で情報発信するツールを持っている　はい　どちらでもない　いいえ
8　人と同じはツマラナイ　はい　どちらでもない　いいえ
9　グループでいるとき、話題の中心になることが多い　はい　どちらでもない　いいえ
10　興味のあることは徹底的に極めたいと思う　はい　どちらでもない　いいえ

「はい」の合計数 □　「どちらでもない」の合計数 □　「いいえ」の合計数 □

ヴォイスカラー「グリーン」のテスト

1　一人でいるより誰かといるほうがいい　はい　どちらでもない　いいえ
2　感動や同じ思いを人と分かち合うのが好きだ　はい　どちらでもない　いいえ
3　人の服装や髪型が変わるとすぐに気づく　はい　どちらでもない　いいえ
4　常に相手の意見を尊重するようにしている　はい　どちらでもない　いいえ

5 「聴き上手な人」とよく言われる　はい　どちらでもない　いいえ

6 個人プレイよりチームプレイのほうが好きだ　はい　どちらでもない　いいえ

7 粘り強く相手に寄り添うことができる　はい　どちらでもない　いいえ

8 仲間のためなら我慢や犠牲も厭わない　はい　どちらでもない　いいえ

9 何をするかよりも、「誰とするか」が大事だと思う　はい　どちらでもない　いいえ

10 大勢での飲み会やパーティによく参加する　はい　どちらでもない　いいえ

「はい」の合計数 □　「どちらでもない」の合計数 □　「いいえ」の合計数 □

ヴォイスカラー「ブルー」のテスト

1 人前で話すのが得意だ　はい　どちらでもない　いいえ

2 毎日のルーティンや自分ルールを持っている　はい　どちらでもない　いいえ

3 学級委員長やチームリーダーに抜擢されたことがある　はい　どちらでもない　いいえ

4 身の周りの整理整頓が得意だ　はい　どちらでもない　いいえ

5 論理的な思考ができ、物事を分析したり考察したりするのが好き　はい　どちらでもない　いいえ
6 こだわりが強いほうだ　はい　どちらでもない　いいえ
7 「上からものを言う」と言われたことがある　はい　どちらでもない　いいえ
8 自分は常識的な人間だと思う　はい　どちらでもない　いいえ
9 途中で投げ出すことが嫌いで最後まで成し遂げたいと思う　はい　どちらでもない　いいえ
10 物事の全体像をよく見たいと思う　はい　どちらでもない　いいえ

「はい」の合計数 □　「どちらでもない」の合計数 □　「いいえ」の合計数 □

ヴォイスカラー「マゼンタ」のテスト

1 動物保護や被災地支援などのボランティア活動に興味がある　はい　どちらでもない　いいえ
2 戦争や環境破壊のニュースを見るとたまらなく胸が痛む　はい　どちらでもない　いいえ
3 動物や自然が好きだ　はい　どちらでもない　いいえ
4 すべては愛だと思う　はい　どちらでもない　いいえ

5 人のサポートをしたり、世話を焼いたりすることが好きだ　はい　どちらでもない　いいえ
6 まずは相手のことを受け入れようとする　はい　どちらでもない　いいえ
7 使っていなくても捨てられない物が多い　はい　どちらでもない　いいえ
8 フィクションよりもドキュメンタリー番組が好きだ　はい　どちらでもない　いいえ
9 社会貢献や地域創生の取り組みに参加したことがある　はい　どちらでもない　いいえ
10 人を嫌いになることは少ない　はい　どちらでもない　いいえ

「はい」の合計数 □　「どちらでもない」の合計数 □　「いいえ」の合計数 □

〈診断結果〉あなたのヴォイスカラーは何色？

さて、すべての質問に答えたところで集計をしていきましょう。
次ページの集計表に、6つのヴォイスカラーテストでチェックした「はい」と「いいえ」それぞれの数を転記していきます。

集計したヴォイスカラーの中で、「はい」がいちばん多かった色はあなたの心の特

数を記入してね！

集計表

	はい	どちらでもない	いいえ	「はい」が多い	「いいえ」が多い
レッド					
オレンジ					
イエロー					
グリーン					
ブルー					
マゼンタ					

いちばん多かった色にマルをつけよう

「はい」がいちばん多い色は（　　　　）＝ 心の特徴として強く出ている性質

「いいえ」がいちばん多い色は（　　　　）＝ 心の特徴としてあまり存在しない性質

徴のうち強く出ている性質、少なかった色の特徴としてあまり存在していない性質を表しています。

ヴォイスカラーが示すあなたの心の特徴

では、それぞれのヴォイスカラーが示す心の特徴やつまずきやすい失敗の例を見ていきましょう。

同じ数のヴォイスカラーが複数ある人は、どれも読むようにしてくださいね。

ヴォイスカラー「レッド」はこんな人

レッドが表すのは……

- 実行力、行動力
- 粘り強さ
- 金銭感覚

●現実を形にする力

などです。

○レッドが多い人

レッドの数が多い人は一言でいえば「情熱的な人」。気力と意欲に満ちた熱い人です。

実行力や行動力に富み、現実に対応する能力を備えています。

レッドの人のすごいところは、思い立ったらすぐに行動に移すことができるスピード感と、コツコツ続ける粘り強さを併せ持っているところです。

現実的なのでお金や人、物を動かす力があります。1つひとつ積み上げていく力、目標に向かって突き進む力が備わっているので、経済を回していくことにも長けています。

行動力・粘り強さ・パワフルさの3つを併せ持っているので、適応能力は抜群！仕事で頭角を現し成功することが約束されているようなものです。

体を動かすのが好きな人が多いのも、このヴォイスカラーの特徴です。大いに汗をかいて力を発散しましょう。もともと体力があり余っているところがあるので、運動をすることでほどよく力が抜けていきます。

自然の中に身を置くなどして自分を癒す時間を持つようにすると、さらにパワーアップするのを実感できるでしょう。

○レッドが少ない人

レッドの数が少ない人は、多い人と逆の状態になっていると考えてください。

レッドの多い人がエネルギー過多気味であるとすれば、少ない人はエネルギー不足になっている可能性があります。

今、体調はどうですか? 疲れやすいとかなんとなく意欲が湧かないとかいった状態にはなっていないでしょうか?

こうした問題の根本は、現実に対応できていない点にあります。

まずは食事や睡眠、適度な運動など基本的な生活習慣をかえりみるようにしてみるといいでしょう。これらは一見すると些末なことのように思えますが、実はいちばん重要なことです。

ヴォイスカラー
レッドは
情熱的な人！
パワフルで
行動力に富む
熱血タイプ
思い立ったら行動する
実行力と計画性
メラ
メラ
メラ
メラ
コツコツ続ける
粘り強さもあるよ
レッドが
少ない人は
エネルギー不足
我慢しなくちゃ
現実に対応できない…
BOMB
我慢爆弾
を抱えてる
限界だー!!
急にどうした？
溜め込みすぎて
突然怒り狂う

人間の体は魂を入れる器なので、器自体がしっかりしていないと魂も安らぐことができません。壊れたカップは水を注いでも、カップが水を保っていることができませんよね。

それと同じことが体で起こっていると考えてください。

また余計な思考もエネルギーを消耗させます。もし自分に考えすぎの傾向があると感じたら、思考を止めるヴォイスカラートーニングを試してみてください（ヴォイスカラートーニングのやり方については、この章の終わりの「トーニングでヴォイスカラーを調整しよう」という項目でご紹介します）。

頭の中を無にして体に意識を向けるようにすると、消耗し続けていたエネルギーがあなたの中に満ちるようになっていきます。

対人関係では、レッドの少ない人は「我慢爆弾」を抱えています。

というのもレッドの少ない人は、本来他人に対して言うべきことを言えずに我慢した挙句、怒りを溜め込みすぎる傾向があるからです。

我慢に我慢を重ねてきただけに、その反発力はすさまじいものがあります。相手にしてみればそれまでの経緯がわからないだけに、突然怒り狂われてもどう対処していいのかわかりません。

その結果、本来、失いたくなかった人間関係を失うことになる場合もあります。

「我慢しなくちゃ」と自分を追い詰めすぎないことが大切です。怒りは出すのでもなく溜めるのでもなく、怒りを発生させない内面の仕組みを知ることが大切です。

怒りの回路から卒業する方法は、第4章でお伝えしていきますので参考にしてください。

ヴォイスカラー「オレンジ」はこんな人

オレンジが表すのは……

- 五感
- 感動
- 美意識
- 自分の軸

などです。

○オレンジが多い人

オレンジの数が多い人は「五感の優れた人」。身体感覚も発達していて、エネルギーを感じ取るセンスを持っている人でもあります。

視覚・聴覚・味覚・触覚・嗅覚のすべてにおいて抜群の感覚を持っているので、それらを存分に使って楽しく人生を生きていきます。感性が鋭く、感情も豊かなので、およそ「人生に退屈する」ということのない人です。

次から次へと見たいこと、知りたいこと、やりたいことが出てきて、何をやっても存分に楽しめるでしょう。

美意識が高く、人を感動させたり動かしたりする力も持っています。

こうした優れた五感や身体感覚、美意識で貫かれた揺るがない自分軸を持っているので、安定した生き方ができる人でもあります。

本来持っている優れた五感や美意識を活かせる職業に就けると、さらに輝きを増していきます。

ただし、注意すべきは五感の美に依存しすぎないことです。自分の内面の美に出合う妨げになってしまうことがあるからです。そして感情的になりすぎないようにすることです。

気分だけで動いてしまうと、影響力が強いだけに周りを振り回すことになりかねません。

○オレンジが少ない人

オレンジが不足している人は、なかなか自分の軸が定まりません。人からの影響を受けやすく、自分が考えていることと反対のことを言われると「そうなのかな?」と不安になります。

自分自身を否定されるような出来事に直面して精神的に不安定になっているようなときも、一時的にオレンジが減少して、自分の軸がぶれやすくなることがあります。

その原因は自分の感性をなおざりにして感度が鈍くなっているという点にあります。

人はせっかく肉体という器を持って生まれてきているのです。その器としての肉体があるからこそ体験できる魂からの喜びや楽しみを少しずつ見出していきましょう。

おいしいものを食べる、美しいものを見る、好きな音楽を聴く、アロママッサージで人の手の温かい心地よさを感じてみる……どんなことでもいいのです。少しでも頭を休めて体の感覚に訴えかけ、「魂が体に戻る」ことをやってみるようにしてはいかがでしょうか?

またオレンジの少ない人は人の目を気にするあまり評価に流されやすい傾向があるのですが、これは評価への依存にもつながります。

最近、「繊細さん」という言葉をよく聞きます。HSP(Highly Sensitive Person)とも呼ばれ、普通の人ならさほどダメージを受けないようなことで深く傷つく繊細さを持っている人のことですが、私の経験上、繊細さんの多くはオレンジが不足しています。

なぜなら、自分軸ではなく評価軸で生きる傾向があるからです。自分を客観的に見る目は大切ですが、過剰に見すぎると精神の健康を損ねます。本来は魂とつながることで自分を客観視できるようにもなるのですが、それが難しい場合は、自分の注意を頭より肉体の感覚に分散するようにしていきましょう。

ヴォイスカラー
オレンジは
五感が優れた人!
感性豊かで
センスがいい
キラ キラ
キラ キラ
感情豊かに
楽しく生きる
高い美意識
揺るぎない自分軸
オレンジが
少ない人は
人に影響
されやすくて
フラ
フラ
軸が
定まらない
BOMB
依存爆弾
を抱えてる
繊細さん じめ
じめ
見捨て
られてる
かまって…
してくれない病

人間関係でオレンジの少ない人が抱えている爆弾は「依存爆弾」です。依存爆弾は別名「してくれない病」ともいいます。

なぜそうなるのかというと、他人の目を意識しすぎるあまり自分以外の何かに依存して、周りから承認されることが自分の存在意義だと勘違いしているからです。

人に何かをしてもらうことで安心するので、相手が期待通りのことをしてくれないと見捨てられたような気持ちになり、怒ったりすねたりして手がつけられなくなります。自分がうまくいかないことを周りや人のせいにするようになるのです。

まずは自分の軸足をしっかり定め、他人の評価に流されすぎないように「自分の感性」を養っていきましょう。

ヴォイスカラー「イエロー」はこんな人

イエローが表すのは……

- カリスマ性
- マイペース

● 決断力
● 独創性
などです。

○イエローが多い人

イエローの数が多い人は、一言でいうと「個性的な人」。マイペースでユニークなキャラクターを持っています。

自分の世界をしっかり持っていますが、それもどこかで見たような世界ではありません。オリジナリティに満ちた世界です。

なぜそのような世界を築くことができるかというと、イエローの人たちは知的好奇心が強く、しかも探求心旺盛だからです。

その道の専門家と呼ばれる人やタレント、お笑い芸人にはイエローが多い方がよくいらっしゃいます。

自分が楽しめることやものをよくわかっていて、それを大事にしているので、大勢の人の中にいても周りに流されることがありません。

決断力に富み、しっかり自己主張もできるので、周囲の人たちからカリスマ性やリーダーシップのある人という見方をされることが多いでしょう。

そこに探求心が加わるのですから、一芸に秀でた人としてその分野を引っ張っていく存在になる可能性は十分にあります。

ただし自分のカリスマ性に執着しすぎないようにしてください。常にカリスマであろうとすると傲慢になってしまったりエゴが出たりして、エネルギーの消耗が激しくなってしまいます。

○イエローが少ない人

イエローが少ない人には、自己肯定感が低く自分に自信を持てない人が散見されます。

その原因となっているのは自己探求の不足です。

自分はどんな人間なのか、何が好きなのか、本当に自分がやりたいことは何なのか、といったことを突き詰めて考えた経験がないので、自我が強い人に振り回されることが多いのです。

自分を抑えることで周りとうまくやっていこうとするあまり、自己犠牲にも陥りやすい傾向があります。イエローが不足している人は、自分の望まないことを強いられても犠牲になっているという意識がありません。

本当はイヤだと感じている気持ちに蓋をして相手の思惑通りに動き続けてしまい、ストレスを溜めて、やがて自分でも原因がわからないまま心身を病んでしまうようなパターンはこのタイプに多いです。

また、〝自分ではないもの（自分の理想とするものだけど実態が伴っていないもの）〟にのっとられて「自分迷子」に陥ってしまうこともしばしばです。

今現在、自分の内面を直視することができていますか？　もしできていないと感じたら、なぜそれができないのかを考えてみることから始めてください。

もしかしたら思い描いている理想の自分と、現実とのギャップがありすぎて、そこを見たくないのかもしれません。そんなときは理想とする自分になぜなりたいのか、掘り下げて考えてみるといいでしょう。

さらにイエローが少ない人の中には、自己肯定感の低さを隠すために弱みを見せたくないという思いから、空威張りをする人もいます。

自分に自信を持つことと虚勢をはることは大違いです。本当の自信とは自分を大きく見せることではなく、自分を信じる力をいいます。

他者との関係でイエローの少ない人が抱えている爆弾は「自己不信爆弾」です。

成功している人、うまくいっている人を見ると刺激を受けて鼓舞される人もいますが、このタイプの人は劣等感を持ち、「どうせ自分なんか……」と思ってしまいます。目的が定まっていないので自分の成功イメージを持てず、はなから「自分には無理」と諦めてしまうのです。

また普段人に振り回されやすい分、自分より立場が弱い人がいると相手をコントロールしようとすることもあります。

子どもを持ったとき、これが親の子どもに対する態度に表れるようになると、いわゆる「毒親」になってしまうケースもあります。「自分はダメだった、だからこの子にはそうなってほしくない。それがこの子の幸せのため」という大義名分のもと、子どもに過干渉して期待を寄せてしまうのです。

他にも、自信のなさの裏返しから承認欲求が強くなるパターンもあります。いつも注目を浴び一目置かれる存在でいたいがために、人にちやほやされることに満足感を

ヴォイスカラー
イエローは個性的な人！
マイペースでユニークなカリスマ的存在
独自の世界を築くリーダーシップ
好奇心が強く探求心旺盛
ぴか
ぴか
ぴか
ぴか
イエローが少ない人は
何がしたいかわからない
やりたいことが見つからない…
自己肯定感が低い
BOMB
自己不信爆弾を抱えてる
この子のため！
言う通りにしないとダメでしょ！
毒親
注目してほしい
「自分迷子」になりやすい

覚えたり、現実でそれが叶わないとネットに依存したりするケースもあります。

楽に生きるコツは、自分の内から発せられる魂の声を聴いて、まずは自分で自分を承認してあげることです。

ヴォイスカラー「グリーン」はこんな人

グリーンが表すのは……

- 共感力
- コミュニケーション能力
- バランス力
- 平和主義

などです。

○グリーンが多い人

グリーンの数が多い人は、「社交性が高い人」です。人と調和してバランスを取ることを得意とします。

穏やかでいつも笑顔を絶やさず、面倒な頼みごとをされてもイヤな顔1つしません。コミュニケーション能力と共感力が高く、人の話を親身になって聴きます。人を惹きつける力もあるので周りにはいつも大勢の人が集まってくる人気者です。

人と人をマッチングさせるのも得意なので、コーディネーターとして敏腕を発揮します。

グリーンの人にとって大切なのは「仲間」と「協調」と「平和」。グループにこういう人が一人いると、橋渡し役を買って出てくれるので、グループ内がなごやかになりいさかいが起きにくくなります。

人望があるので、本人に目立とうという精神や野心がなくても、周りに押し出される形で幹事やまとめ役を担うことが多いでしょう。

ただし、自分の軸を持ちながら人と関わることが大切です。共感しすぎて相手の話に入り込みすぎてしまうと、エネルギーの消耗が激しくなり疲れてしまいます。

す。

○グリーンが少ない人

人に合わせる気がなく、相手の話が聴けないので相手を理解することが難しい人です。

けれども本人にはまったくその自覚がなく「ちゃんと聴いている」と言うのですが、実は自分が聴きたいことだけを聴くインタビューになってしまっています。

相手に質問を投げかけてそれに対して返ってきた答えを物理的に聴いていれば、この人の中では「話を聴いた」ことになるというわけです。

その言葉が相手のどういう気持ちから発せられたものなのかということについては考えが及びません。日常生活で聴くという行為は尋問、インタビューではありません。

また話を聴かないわりにはアドバイスしたい、教えてやりたいという気持ちが強いのもグリーンが不足している人の特徴です。

相手にしてみれば余計なお世話なのですが、そのことにも気づかずにアドバイスしたがる傾向があります。

また**グリーンが少ない人の中には「自分の主張を通したい爆弾」を持っている人も**

ヴォイスカラー
グリーンは
社交性が高い人！
つながりを大切にする
共感力に優れた
調和の人
穏やかでいたい
ラブ＆ピース
ほわ
ほわ
ほわ
ほわ
仲間は大切！
親身になって
話を聴くよ
グリーンが
少ない人は
聞いてますよ風
ふ～ん…
人に合わせる気がない
BOMB
自分の主張を通したい
爆弾を抱えてる
エ～全然共感できない！
強い拒絶
ありえないんですけど
なんでわかってくれないのお
エエエエ
共感されないと強い怒り
他人の問題に首を突っ込む
最近どうなの？ちゃんとごはん食べてる？彼とはどうなったの？

います。

自我が強く自分が世界の中心になっているので、発信を否定されることに強い拒絶反応を示したり、自分と無関係な他人の問題にやたらと首を突っ込んで場をかき乱したりします。

また自分の問題を差し置いて人の心配ばかりする人もいます。本来、自分が抱えている解決すべき問題から目をそらすために他人の問題に首を突っ込むので、共依存の関係を作りやすくなります。

もともと人を引っ張っていきたいというリーダーシップも持ちあわせている人なので、他人に対する共感力を身につけて時には他者を立ててあげるようなバランス感覚を養えば、真の意味で人から頼られるようになっていきます。

ヴォイスカラー「ブルー」はこんな人

ブルーが表すのは……

● 分析力、理解力

- 視野の広さ
- 問題解決能力
- 先見性

などです。

○ブルーが多い人

ブルーの数が多い人は一言でいうと「知性の人」です。優れた分析力の持ち主で話がうまく、ストーリーを立てて話すことも得意で、物事をまとめたり体系化したりする才能を持っています。

アナウンサーにはブルーが多い方がよくいらっしゃいます。思わず人が耳を傾けてしまうほど次から次へと言葉を繰り出すので、上手な話し方を目指している人にとっては憧れの存在になるでしょう。

ズバリと本質を見抜き、自分の中で咀嚼して論理的・分析的に再構成することができる人です。

頭が切れ言葉の選択がうまいばかりでなく、ちょっと言葉は悪いですが、常に物事を計算して自分にとって都合のいいほうを選ぶ世渡り上手なので、組織の中で早くから出世コースに乗りやすい人といえます。

物事の発展に寄与したり問題解決の方向性を見出したりと、能力をフルに発揮していきます。視野も広く先見の明もあるので仕事での成功もつかみやすいでしょう。

ただし**ブルーが強すぎると、頑固な一面が顔を出す**ことがあります。完璧でありたい・きちんとやりたいという思いが強く、自分で厳格なルールを作り出し、そこから1ミリでもはみ出すのは許せない！という思考パターンに陥りやすくなります。

また話がうますぎるあまり、疑り深い人には「言っていることが心に刺さらない」とか「付き合いづらい人」とか評されることもしばしばです。

○ブルーが少ない人

ブルーの数が少ない人は、言葉が明晰でなく論理的に話すことができないので、言いたいことが言えず自分に限界を作ってしまう傾向にあるようです。

一見すると「消極的でおとなしい人」や「天然ちゃん」のような印象を与えますが、実は腹の中では冷静に他人をジャッジしていたりします。

ヴォイスカラー
ブルーは知性の人！
高い分析力で論理的に物事の本質を見抜く
流れるような表現力のトークはおまかせ！
スラ
スラ
計算高く世渡り上手な一面も
スラ
スラ
ブルーが少ない人は
えーと…
それは大変でしたね
考えすぎて言葉が見つからない
BOMB
プライド爆弾を抱えてる
アピール下手
消極的
出たいけど怖い
失敗したくない

言葉にできない理由として、話すのが不得手だということに加えて、「これを言って大丈夫だろうか?」「これは言わないほうがいいだろうか?」と考えすぎてしまうことも挙げられます。

人とのコミュニケーションにおいても「これは言っても大丈夫だろう」と判断できたことだけをなるべく口にしようとするので、誰かをいたわるときに「大変でしたね」と言っても、言葉が上滑りして中身が伴っていない印象を与えます。

とりあえず無難なことを言っておけばその場はしのげる、というのがこの人のスタンスです。

ブルーが少ない人の中には「プライド爆弾」を持っている人がいます。

自分の思考と過去に刷り込まれた価値観が一体化してブロックになっていることがあるのですが、本人がそれに気づいていません。

もともとあるレールの上を歩くことに安心感を覚えて、社会通念上の常識に閉じ込められている人が多いようです。

失敗をしたくないという思いが強い一方で、そんな状態にどこか閉塞感も覚えていて、自由や解放を求めて何かを表現したいという隠れた欲求を持っています。

しかし論理的に話すことが苦手であるがゆえ、人から指摘を受けたり批判されたりすることを恐れていて、消極的になってしまいます。

言いたいことが言えない、歌いたいけど歌えないなどという相反する気持ちからフラストレーションを溜めやすい人でもあります。

アクセルとブレーキを同時に踏んでいる状態になりがんじがらめになって、人知れず自分の殻にこもってしまうのです。

ヴォイスカラー「マゼンタ」はこんな人

マゼンタが表すのは……

- 愛
- 受容
- 直観力
- 社会貢献

などです。

○マゼンタが多い人

マゼンタの数が多い人は、「包容力の人」です。慈愛の精神に溢れています。

人と競うことが苦手で、それよりも人に喜ばれることや何かの役に立つことに労力を使うほうが生きがいを感じられます。

自分のことよりも仲間の幸せや社会の幸せを願える懐の大きさを持っていて、世のため人のため、皆が幸せになるために奉仕することを喜びとします。

社会貢献力が高くボランティアや利他の精神に富んでいるので、周囲の人から頼りにされるでしょう。

他人に対して寛容で、「あの人はクセが強くて付き合いづらい」と周りに敬遠されがちな人にも自然な態度で接することができます。

ギブ&テイクではなく「ギブ&ギブ」の精神の持ち主で、目の前の人に「何をしてあげられるか」を考え、自分から率先して差し出せる人でもあります。

人に与えるという行為は、計算や利己的な思惑が潜んでいれば相手に伝わってしまうものですし、場合によっては見返りを求められないかと邪推されることもあります。

その点マゼンダが多い人は、普段から物事をあれやこれやとジャッジせず、損得勘定で人と付き合うことがないので相手は受け入れやすくなります。天性の「与える人」と言ってもいいでしょう。

オールOKの境地で他人を受け入れる態度は、そこに居るだけで場の空気を和ませる不思議な魅力があります。

○マゼンタが少ない人

マゼンタの数が少ない人は、他人に対する許容量が極端に少ない傾向があります。たまにどんな人にもケチをつけないと気がすまない人がいますが、その中にはマゼンタの少ない人がかなりの割合を占めていると私は見ています。

周囲の人やお店の店員の対応、ワイドショーに出てくる有名人に対しても、普段から人をジャッジするクセがついているのがこの人たちです。

他人の行動や発言を見て、自分の思う正しさに合致していないことには納得せず、物事に白黒をはっきりつけないと気がすまない面があります。人に対する目が厳しく、グレーという選択肢を持たないのです。

マゼンタが少ない人たちは、相手の気に入らない部分を認めて許すことを妥協だと感じてしまいます。

しかし他人に寛容でない人は、自分自身もジャッジの対象になりやすくなります。他人に対する公平性・平等性を求めて世の中のルールや正義を貫こうとすることで、実は自分の世界を狭めている人……それがマゼンタの少ない人たちなのです。

マゼンタの少ない人の爆弾は「感謝されたい爆弾」です。

本来、人に対する親切は自然なふるまいのはずです。たとえばお年寄りがエレベーターに乗るときに手間取っていたら「開く」ボタンを長く押してあげるとか、後ろの人のためにドアを手で押さえてあげるとかいう日常の些細な行動。考えるより先に体が動き、その結果が「親切な行為」になるのではないでしょうか。

その咄嗟のやさしさ、思いやりを受けた側は「ありがとうございます」と感謝するのだと思います。そうした行為・行動だけではなく、相手の意見や価値観が自分と違っていたときにそれを「受容する」「許す」「見守る」ということも、相手に対する

ヴォイスカラー
マゼンタは
包容力の人!
役に立つことが喜び
奉仕の精神と
大きな愛の人
にこ
人の喜びは自分の喜び!
頼りにされてます
にこ
にこ
にこ
居るだけで場が和む
ムードメーカー的存在

マゼンタが
少ない人は
そういうの
よくないと
思う!
ジャッジが強すぎる
BOMB
感謝
されたい爆弾
を抱えてる
お礼言って
くれないの?
1 2 3 4 5 6
開
見返りを求めてしまう

やさしさや思いやりになります。

普段から人をジャッジするクセがついている人は、目の前にいる人へのこうした無条件の愛の行動が取りづらくなっています。

相手に何かしてあげたときは、「こうしてあげたんだから感謝されるべき」などと、つい思ってしまってはいないでしょうか？

誰かに認められたいから親切にするという見返りを期待してしまうと、せっかくの行為も相手に響く〝いいエネルギー〟には変換されません。

一方で、相手への無条件の愛からくる親切な行為は、たとえ見返りがなくても徳という貯金エネルギーを積んでいくことになります。

マゼンタが少ない人は、相手の良し悪しをジャッジする前に、相手に対する無条件の愛の行動、愛の思考（受容する・許す・見守る）に注意を向けてみてください。

そうすれば少しずつ、あなたの中でポジティブなエネルギーが育ち始めます。


いかがでしょうか？ **テストは元来のあなたの心の特徴も含めて、今現在の状態を知るヒントになります。**

人の心の状態は常に一定ではありません。そのため、時間をおいて再テストすれば結果が変わってくることもあります。

ご自身のテスト結果と解説を照らし合わせてみて、ぐさりと心に刺さった言葉に注目してみてください。それがあなたの現在の心のクセを表してします。

ヴォイスカラーの理想は、あのスポーツ選手

6つのヴォイスカラーがまんべんなく満点に近い状態が、エネルギーレベルの高い状態です。

先ほど、本来のヴォイスカラーは12色で、声を分析することによってそれぞれのカラーの多い少ないが目で見てわかるシステムを考案したとお話ししました。

私はしばしば研究の参考にさせていただこうと思い、著名人の方の声をそのシステムで分析することがあります。

もちろんその内容は外には出しませんが、お一人だけあまりに素晴らしくて驚いた方のことについては、ぜひご紹介したいと思います。

そのお一人とは今をときめく野球選手 大谷翔平氏です。12色のすべてが高いレベルを指し、それぞれの色の鮮やかさと12色の作り出すハーモニーがあまりに神々しく、感動して身震いがするほどでした。

もし私が**ヴォイスカラーのお手本を作るとしたらこんなふうに作るだろう、と思わざるを得ないほどの完璧さ**だったのです。

大谷翔平選手は高校時代から、マンダラチャートを使って達成したい目標を可視化するなど徹底した自己管理をする人として知られています。睡眠をたっぷり取り、食事はほとんど手作りで外食はしないそうです。

より強くなるための日々の努力を怠らない、天才にして努力の人でもあります。

何よりも私たちの心を打つのが、野球が好きで好きでたまらず、野球そのものと野球の世界にいる人たちすべてに敬意を払う姿でしょう。

道具を丁寧に扱う（たとえばフォアボールで出塁するときにバットを投げない）、デッドボールを出してしまったら相手に謝罪する、相手チームのホームランを称える、

ヴォイスカラーのバランスがいいほど
エネルギーレベルが高くなる

ファンにやさしい……そうした行動1つひとつを数え上げたらキリがありません。

敵の監督やチームメンバー、ひいてはその応援団までもが大谷選手にエールを送り称賛します。

同胞として、大谷翔平選手が日本人であることが誇らしくなります。

○「人としてのスーパークラス」を目指そう

大谷翔平選手は人間的にも能力的にもスーパークラスの人です。

多くの人は能力的な面でスーパークラスに達するのは難しいかもしれません。

でも人間としてスーパークラスになることは不可能ではないと私は考えています。

自分の魂とつながり魂を磨き、エネルギーを高めていけば、小さなことは気にならなくなり、誰に対しても怒りを抱くことなく親身に接することができるようになります。

実は誰に対しても親身に接するというのは難しいことです。というのも、中には「この人はよさそうな人だから頼りにさせてもらおう」「この人は親切だからこれくらいのことはしてくれるだろう」「この程度の甘えは許してくれるだろう」と必要以上にもたれかかってくる人もいるからです。

もしも自分が多少なりとも依存体質だったり、内心はイヤなのに他人にいい顔をしたくて本音を隠していたりした場合、そういう人に付け込まれやすくなります。

先ほどエネルギーの共振共鳴の法則のお話をしましたよね。

付け込んでくる人は自分と同じエネルギー次元の人のよさそうな人を、共振共鳴の法則で探り当ててきてしまうのです。

あなたの周りにも、人のよさに付け込まれて困っている人がいるのではないでしょうか。その人はいい人ではあるかもしれませんが、いいエネルギーの持ち主ではないと私は思います。

反対にとてもやさしくて気配りもでき、人の話に親身に耳を傾けるのに、なぜか付け込まれない人もいます。

その人のエネルギー次元が高いがゆえに、エネルギー次元の低い「困ったちゃん」とは共振共鳴しないからです。

裸眼で太陽を見ようと空を見上げても、まぶしくて見続けることができませんよね。

それと同じように、エネルギー次元のはるかに高い人と困ったちゃんが会ったとき、困ったちゃんの中では「この人には付け込みたくても付け込めないな」という働きが起こるのでしょう。

神傾聴を目指して進んでいくうちに、あなたも次第に困ったちゃんとの関わりが少なくなっていくのを実感できるはずです。

トーニングでヴォイスカラーを調整しよう

「●●カラーが少ない人は……」という項目を読んで、凹んだ方も多いのではないでしょうか。

言っていることはもっともだけど、じゃあどうすれば少ないヴォイスカラーを多くできるのよ？と思った方もいることでしょう。

安心してください。ちゃんと少ないヴォイスカラーを調整する方法があります。

私が考案した「**ヴォイスカラートーニング**」というのがそれです。

チャクラとヴォイスカラーと音の相関図

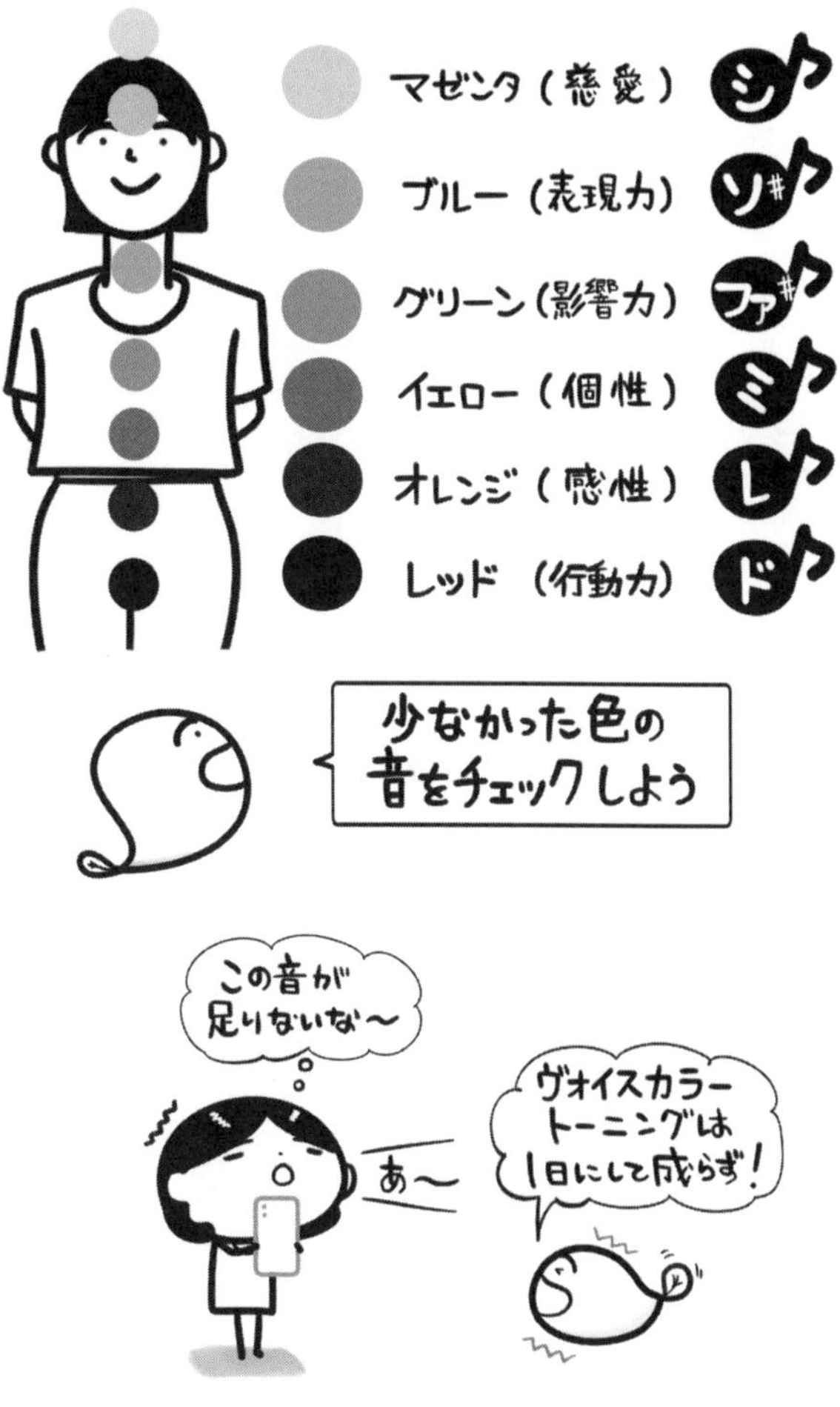

ヴォイスカラートーニングとは、体の内側で声を響かせることです。気持ちよく声を響かせることによって心身ともにリラックスすることができます。

私が考案したこの方法では、その人の足りないヴォイスカラーに該当する音（ド・レ・ミ・ファ♯・ソ♯・シのいずれかの音）を活用します。

ちなみにこれらの音の周波数は、それぞれのヴォイスカラーの色（レッド、オレンジなど）の持つ周波数と合致しています。

足りないヴォイスカラーと同じ周波数を持つ音を、自分の声を使って出し続けることで調律がなされる仕組みです。

まず、あなたに足りないヴォイスカラーの音を確認しましょう。

● レッドの足りない人……ド
● オレンジの足りない人……レ
● イエローの足りない人……ミ

- グリーンの足りない人……ファ♯
- ブルーの足りない人……ソ♯
- マゼンタの足りない人……シ

となります。

自分に足りない音がわかったら、ピアノなどの楽器や、なければチューナーアプリなどでその音を流し続けます。それに合わせてあなた自身も唱和するように同じ高さの音を声に出していきましょう。

同じ音でも男性と女性では声の高さが違うので、自分の出しやすい音域を選んでください。

大きな声である必要はありません。むしろなるべく小さな声で、自分が声を出すことによって「息を少しずつ吐いていること」に意識を向けて集中します。適度に息継ぎをしながら、同じ音を3分間出し続けます。

これは実際にヴォイスカラートーニングを行っている動画の二次元コードです。

こちらを参考にして試してみてください。

もし一緒にやってくれる人がいるなら、その人にも同じ音の高さの声を出してもらってください。声と声が響き合ってバイブレーションを起こし、声が増幅して聴こえることでしょう。

そのとき、ぜひ思い出していただきたいことがあります。

それは、相手の声と自分の声が響き合うように、相手のエネルギーと自分のエネルギーも響き合うものだということです。

躍起になって言葉を繰り出さなくても、人と人は声を発するだけでお互いを感じ、コミュニケーションができるのです。

それが神傾聴の本質です。

トーニングで
足りない色を
調整しよう
つかうもの
手持ちの楽器や
チューナーアプリ
でもOK!
1. 足りないヴォイスカラーの
色を確認しよう
ド
レ
ファ#
ミ
ソ#
シ
私は
ド
POINT
声を出す向きによって
音質が変わる
声の響き方が
変わる!
2. 音を流し続けながら
同じ高さの音を出していこう
ド〜〜
頭蓋の
後ろに
響かせる
POINT
小さな声で
少しずつ
息を吐くことに
集中する
心と体を
リラックス
息継ぎをしながら
同じ音を3分間出す
ド〜〜
他の人と
一緒に
やってみよう
重なり合う
響き合う
声と声のバイブレーション
"共振共鳴"を体感できるよ!

第3章

次に「感性の扉」を開き、現実をカラフルに表現していく

神傾聴には「感性の扉を開くこと」が欠かせません。現代人の生活は左脳が優位になりやすく、創造力やひらめきといった感性をつかさどる右脳が未開発な方が多くいます。ワークによって右脳を活性化しましょう！

脳には右脳と左脳がある

第2章では神傾聴の土台作りのファーストステップとなる心のクセを取り去る方法についてお話ししました。

続くこの章では、セカンドステップとなる「**右脳を活性化させることの大切さ**」と、そのための方法についてご説明していきたいと思います。

「脳」はパソコンのOSのように、私たちの体の動きを制御したり、記憶をつかさどったり、物事を判断したりするところです。うれしい、悲しいなどの湧き起こる感情や、手触りがいい、おいしいなどの感覚も脳が作り出しています。

臓器としての特性でいうと、脳は人の体の中でも心臓と並んで重要な器官で、神経系の中枢を担っています。

「脳みそ」という言葉があるほど脳自体は柔らかい器官なので、固い頭蓋骨にがっちりと保護されており、大脳、間脳（視床下部、視床）、脳幹（中脳、橋、延髄）、小脳に区分されます。

大脳は真ん中で右脳と左脳の2つに分かれています。

なぜわざわざ2つに分かれているのか不思議に思って調べてみたところ、生物の生き残り戦略だったことがわかりました。

脊椎動物がこの世に生まれたときから脳は2つに分かれており、**脳の左半球は日常的なルーティンを確立するために行動を制御するための働き**を、一方、**右半球は予想外のことが起こったとき、それを感知するための働き**を担っていたらしいというのです。

動物にとって自然の中は外敵ばかり。生き残っていくにはそれなりの生存戦略が必要です。状況に応じていずれかの脳半球が優位に働くということが初期の脊椎動物に起こり、これが脳の左右分業の始まりになったと考えられています。

これこそが脊椎動物の生存戦略だったのですね。

「右利き」が多い理由

みなさんの利き手は左右どちらですか？

よく左利きは天才肌だといわれますよね。また左利きの人は人類全体の10%しかいないといわれています。

みなさんもご存じのことと思いますが、私たち人間の（というか、脊椎動物全般の）脳と体をつなぐ神経系は左右が交差しています。

つまり右半身は左脳の、左半身は右脳の制御下にあるということです。

では、私たち人間が日常生活を営々と続けていくには、左脳と右脳、どちらの制御下にあることが多いでしょうか？

定時になったら通勤する、食べる、寝るなどの日常的なルーティンや課題を担当する左脳が多くなります。これは、左脳に神経のつながった右半身が日常的な動作をするうえで使われやすくなることを意味します。

こうした理由から、**世の中には左利きの人よりも右利きの人が圧倒的に多い**というわけです。

現実を受け持つ左脳が発達しすぎると？

左脳が受け持つ分野は言語、論理、思考などです。人としゃべったり、テストの問題を解いたり、仕事で書面を作ったりするときに無意識に作動しているのが左脳です。左脳は現実を生きるために欠かせない働きをしています。

左脳が発達している人には学業成績がいい人や仕事の成果を出す人が多いので、左脳は「勉強脳」や「実務脳」ともいわれます。

左脳が発達することは大いに喜ばしいことですが、ここだけが発達してしまうと右脳の働きを抑え込むことになりかねません。

そうすると何が起きるかといえば、自分の直感にあまり意識が向かなくなっていきます。何かがひらめきかけても「いや、そんなはずがない」と自分の直感を否定して信じなくなってしまうのです。

理由は「直感は理屈で説明できないから」。左脳は理屈屋さんなので、ちゃんと筋道立てて論理的に説明できること以外、受け付けようとしません。

また左脳ばかりが発達した人は、物事を言語に置き換えて理解しようとします。言語能力が発達しているのは素晴らしいことですが、言葉を絶対視しすぎるあまり、言葉以外の情報の受け取りが漏れてしまいやすくなります。

これが他者とのスムーズなコミュニケーションを妨げることにもつながるのです。だって**人は何もかも言葉で表現するわけではありません**からね。

内心「イヤだなあ」と思ってもいい顔をして取り繕うし、ショックを受けても平気なふりをして言葉で気持ちを覆い隠します。

かつて私たち日本に生まれ育った人間には、「行間を読む（相手が言葉にしていない感情を読む）」という伝統・文化がありました。

これが最近何かと話題になるビジネス上の忖度につながるのはよろしくないですが、こうした言葉が生まれるのは、もともとコミュニケーションスキルの高い民族だといえるのではないでしょうか。

右脳と左脳 それぞれの役割

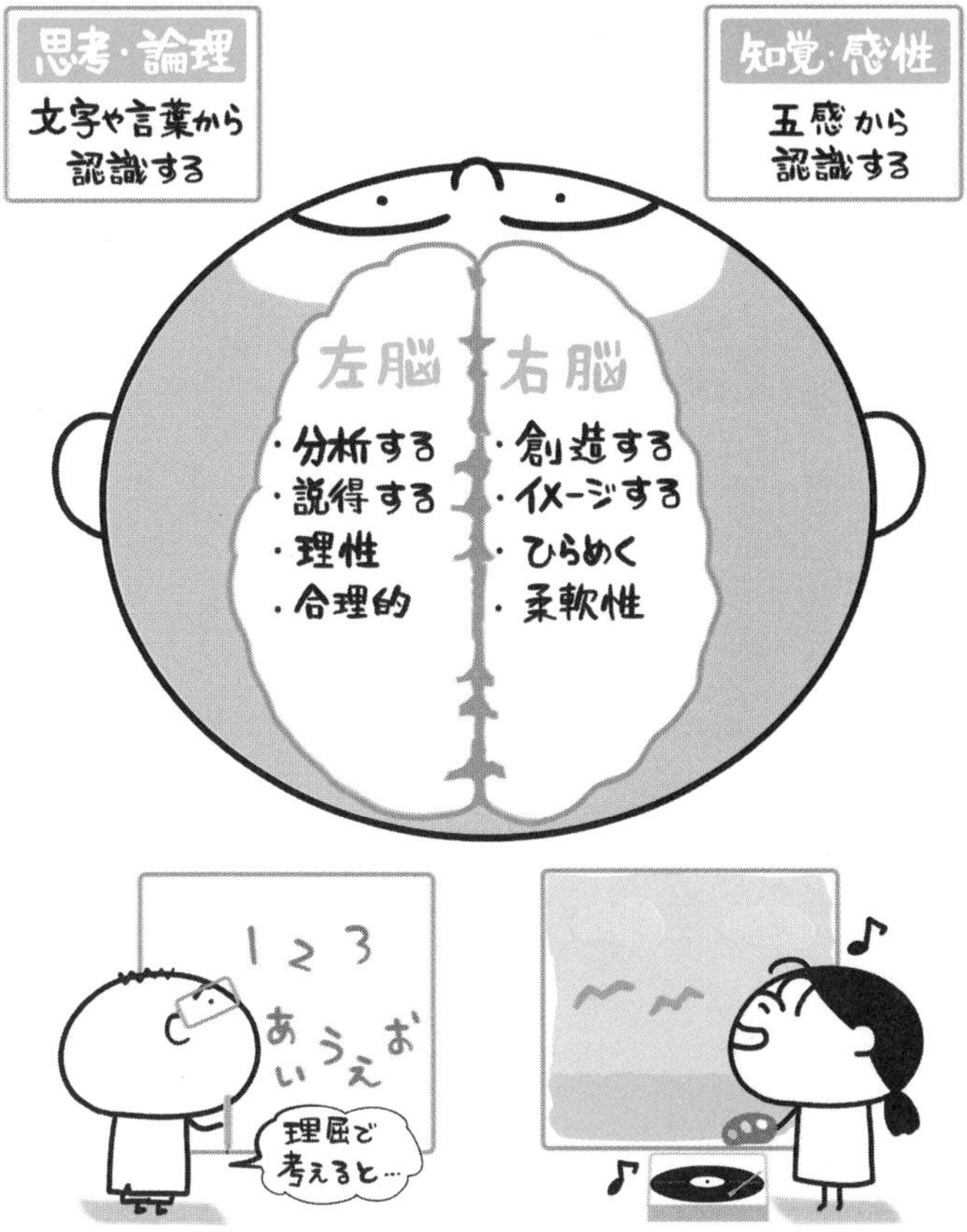

左脳ばかりが発達することのいちばんの弊害は、右脳をなおざりにしすぎるあまり、自分の魂の発する声を聴けなくなることにあります。

魂はあなたを照らす太陽のような存在です。その太陽が見えなくなるということは、本当のあなた自身や、魂からの望みがわからなくなることを意味します。

すると魂が望んでいることとは逆のことをして自分を苦しめたり、はたの人間からすると何もかも順調そうに見えているのに、本人だけは満足していないといったことがしばしば起こります。

○直感をつかさどる右脳

右脳は生物が危機的状況を打破するための働きを持っています。

ピンチに陥ったとき、直感に従って事なきを得たという経験をしたことはありませんか？　その直感をもたらすのが右脳です。

また**右脳は理性では割り切れない細やかな感情や、豊かな創造性をもたらします。**

右脳のもっとも重要な役割は、右脳を介することによってはじめて人は、自分の魂とつながることができるという点にあります。

クリエイターには右脳が発達した人が多いです。作品に触れる人の右脳にインスピレーションをもたらし、感情に訴えかけ、豊かな創造性を発揮させる仕事だからです。こうした交流を「魂の対話」と呼ぶ人もいます。

とはいえ、世の中の人全員がクリエイターとして身を立てているわけではありません。むしろ安全・快適に生活していくために、日常的なルーティンをつかさどる左脳を使うことのほうが多いでしょう。

だからこそ**意識的に右脳の能力を開花させていく必要がある**のです。

今こそ何もかも理屈で割り切るのではなく、自分の五感を大切にして直感力を磨く努力が求められている時代なのではないでしょうか。

インプットとアウトプット、あなたはどのタイプ？

よく「あの人は左脳型」「この人は右脳型」などと言いますよね。

情報をインプットしたりアウトプットしたりするときに、どっちを使う傾向があるかによってそれぞれ左脳派と右脳派に分かれます。

よく私がセミナーなどでお話しするのは、これをさらに分ければ「**情報のインプットとアウトプットの仕方に、それぞれ右脳型と左脳型がある**」ということです。

次の4つのタイプに分かれます。

- 1　インプットが左脳・アウトプットも左脳
- 2　インプットが左脳・アウトプットが右脳
- 3　インプットが右脳・アウトプットが左脳
- 4　インプットが右脳・アウトプットも右脳

あなたはどのタイプでしょうか？　次の方法で調べてみましょう。

インプットのタイプ

左右の指を組んでみてください。

左右どちらの親指が下になっていますか？　右が下の人はインプットが右脳タイプ、左が下の人はインプットが左脳タイプです。

アウトプットのタイプ

左右の腕を組んでみてください。
左右どちらの腕が下になっていますか？　右が下の人はアウトプットが右脳タイプ、左が下の人はアウトプットが左脳タイプです。

それぞれのタイプについてざっくりご説明しましょう。

○1　インプット・アウトプットともに左脳の人

物事を言語で理解し、論理的・分析的に見ます。常に冷静で表現は言語中心。目標を立てて計画し、達成する能力においてはナンバー1です。現実的な人といえます。

○2 インプットが左脳・アウトプットが右脳の人

物事を言語で理解し分析的に見つつ、表現するときは理解した事柄から言葉にならないイメージを喚起できる人。画家や陶芸作家などのクリエイターに多く、1を100にも1000にもできるタイプの人です。

○3 インプットが右脳・アウトプットが左脳の人

物事をイメージで理解し、その理解したイメージを言語化できる人です。

文章を書く仕事に向いていて、0から1を生み出す小説家や作詞家にはこのタイプが多いです。

あまり多くはいませんが実は私自身がこのタイプです。

今、私は視えない世界のことをイメージとして感じ取り、それを自分の中で咀嚼して言語化してお伝えする仕事をしています。それができるのはインプットが右脳型、アウトプットが左脳型だからだと思っています。

○4　インプット・アウトプットともに右脳の人

物事をイメージで理解し、自分の伝えたいこともイメージで表現します。アーティストに多いタイプです。

スピリチュアリストなどで、いいことを言っていそうだけれども抽象的すぎて何を言っているのかよくわからない人がいますが、そういう人もこのタイプです。

左脳オンリーの人はエネルギーが読めない

神傾聴では右脳の果たす役割はきわめて大きいものです。

自己啓発書として有名なコヴィー博士の『7つの習慣』という本をご存じの方も多いことでしょう。

1989年に刊行されたこの本は、タイトルにもある通り7つの習慣を新しい習慣として浸透させていくことによって、より自分らしく思い通りの人生を送ることができると提唱しています。

このうち、第5の習慣として「相手の心を理解する習慣をつけましょう」という教えがあるのですが、私が日ごろから接している経営者の方々は、この第5の習慣を変えるのがいちばん難しいとおっしゃいます。

というのも相手の心を理解するには、心を読まなければならないからです。

人は相手の心を推測することができます。ですが実はその中には「邪推」が含まれていることが多いのです。

特に経営者の方はビジネスの最前線でバリバリ仕事をされている方々なのでライバルも多いです。そうなると「あいつ、俺のことをよく思ってないんだろうな」などと、イヤでも頭にチラつくのですね。

それもそのはず。経営者の方々はほとんどがインプット・アウトプットともに左脳型だからです。左脳は言語や思考、論理構成、分析などを担うところです。

そのため**左脳優位の人は、感覚や感性など言葉では表しきれないものをつかさどる右脳がほぼ未開拓の状態になっている**ことがほとんどです。

相手を理解しようとしても、自分の主観や憶測でしか判断できないので、よくて推測、悪くすれば邪推になってしまいます。思い込みで人を見てしまいやすいともいえます。

また左脳オンリーの人は、目に見えないものは「存在しないもの」としがちです。だから「目に見えないエネルギーを汲み取りましょう」などというのはそもそも理解の範囲を超えているのですね。

だってエネルギーは目に見えませんから。左脳オンリーの人にとっては、本書の内容を難しく感じる人もいるかもしれません。

○エネルギーが読めないと相手の気持ちを無視してしまう

相手が言った言葉だけを真実と思い込んでしまいやすい人もいます。

先日、こんなことがありました。

どう見てもご主人との関係がうまくいっていなさそうな女性が「私、とても夫に愛されているの」と言うのです。

驚いて「そんなふうに思えるのはなぜ?」と思わず尋ねたところ、「だって結婚するときに愛してるって言われたから」という言葉が返ってきてのけぞりそうになりました。

内心「そりゃそのくらいのことは言うでしょう」というのが率直な感想です。結婚するときに「愛してる」くらいのことを言われなければ、そもそも結婚にまで至らないでしょう。

思わず「今はどうなの？」と尋ねたら「最近、聞いてない」と返ってきました。

結婚するときに言ったから、たとえ30年経っていたとしても相手は変わっていないはずだと思い込んでいたようです。

ご本人が30年前の言葉を今も大切にしているのは素敵なことですが、果たしてご主人はどう感じているのだろうかと思ってしまいました。

また逆のパターンもあって、熟年離婚の原因の多くは奥さまの気持ちをご主人が汲み取れないがために起きています。定年退職後の〝青天の霹靂《へきれき》現象〟としてよく聴かれることですね。奥さまからのSOSに気づかず時すでに遅しとはよくあるようです。

諸行無常《しょぎょうむじょう》という言葉があるように、この世の万物は常に変化して、同じ形のままずっとそこにとどまることはできません。人においても同じです。

ノンバーバル（非言語的）なエネルギーを読める人であれば、このようなことは起こりにくいはずです。

たまに特定の人に苦手意識を持たれているのに本人はそのことに全く気づかず、むやみにからんではますますうっとうしがられる人がいます。

そういう人も「エネルギーが読めない左脳型の人だなあ」と感じてしまいます。

右脳の驚くべき力

ここで右脳について驚くようなお話をシェアさせてください。

アメリカの脳科学者であるジル・ボルト・テイラー氏のエピソードです。テイラー氏には『奇跡の脳』という有名な著書があります。

この方は37歳のときに左脳の脳出血（脳卒中）を起こし、左脳の機能と右半身の身体機能を失いました。脳で出血が起きたとき、脳科学者なので自分の身に何が起こったか、テイラー氏は悟ります。

そこで職場に「ちょっと大変なの」と電話するのですが、左の言語野で出血しているので、「大変なの」という言葉を発しても、自分の耳に入ってくるのは犬の鳴き声のような声だったそうです。

電話を受けて異変を感じた職場の同僚が急いでやってきて、テイラー氏は病院に運ばれ手術を受けたので一命を取り留めることはできました。ですが、左脳の過半を損傷してしまいました。

その結果、それまで普通にできていた歩く・話す・読む・書くなどの基本的なことができなくなり、言葉を1から覚え直す長いリハビリ生活が始まりました。

ここまで読んだ方は全員が「テイラーさん、大変そう」と思われたことでしょう。ところが当のテイラー氏は、のちにこのときのことを回想して「ニルヴァーナの境地にいるように幸せだった」と言ったのです。

ニルヴァーナとはサンスクリット語で涅槃《ねはん》を指す言葉で、涅槃とは仏教における煩悩を断じた解脱の世界のことです。

血栓によって左脳が損傷を受けている間、左脳の機能が停止し、テイラー氏は右脳の世界にいました。

言葉の意味がわからなくなった一方で、これまでのすべてのストレスから解放され、自分がエネルギー体のように大きくなって、世界とつながっている不思議な感覚を味わったのだといいます。

私はこのエピソードを知って、「やはり右脳がポイントだったか！」と思いました。**右脳の能力が開花して自分の魂とつながることができれば、生きているだけで人は幸せになれる**のだ、と。

テイラー氏は8年かけて残された右脳を最大限に活用して、左脳の回路を再構築しました。

完全に機能回復することができたあと、当時の不思議な体験をもとに「人々が右脳をもっと探究すれば争いはなくなり、世界は平和になるはずだ」と力強く発言しています。

右脳と左脳をつなぐ「脳梁《のうりょう》」を鍛える

これまでの私の書きぶりから、左脳人間はよくないというようなイメージを持たれたかもしれませんが、決してそんなことはありません。

いささか誇張して書いたのは、今の世の中では左脳が重視され、右脳が軽視されているという事実を知っていただきたかったからです。

車は両輪が回ってこそスムーズに走ることができるように、人も右脳と左脳の両方を活用できてこそ、いいコミュニケーションができて、自分らしく生きられるようになるのです。

現代を生きる私たちは、もう十分左脳開発は進んでいるはず。左脳に偏った脳の使い方を改め、手つかずのまま放置された右脳を活用しながら、左脳以上に開発していきましょうということです。

そのうえで**右脳と左脳を「脳梁《のうりょう》」でつなぐ**という最後の締めが必要になります。

左右の脳は約2億本もの神経細胞の束である「脳梁」でつながっています。この脳

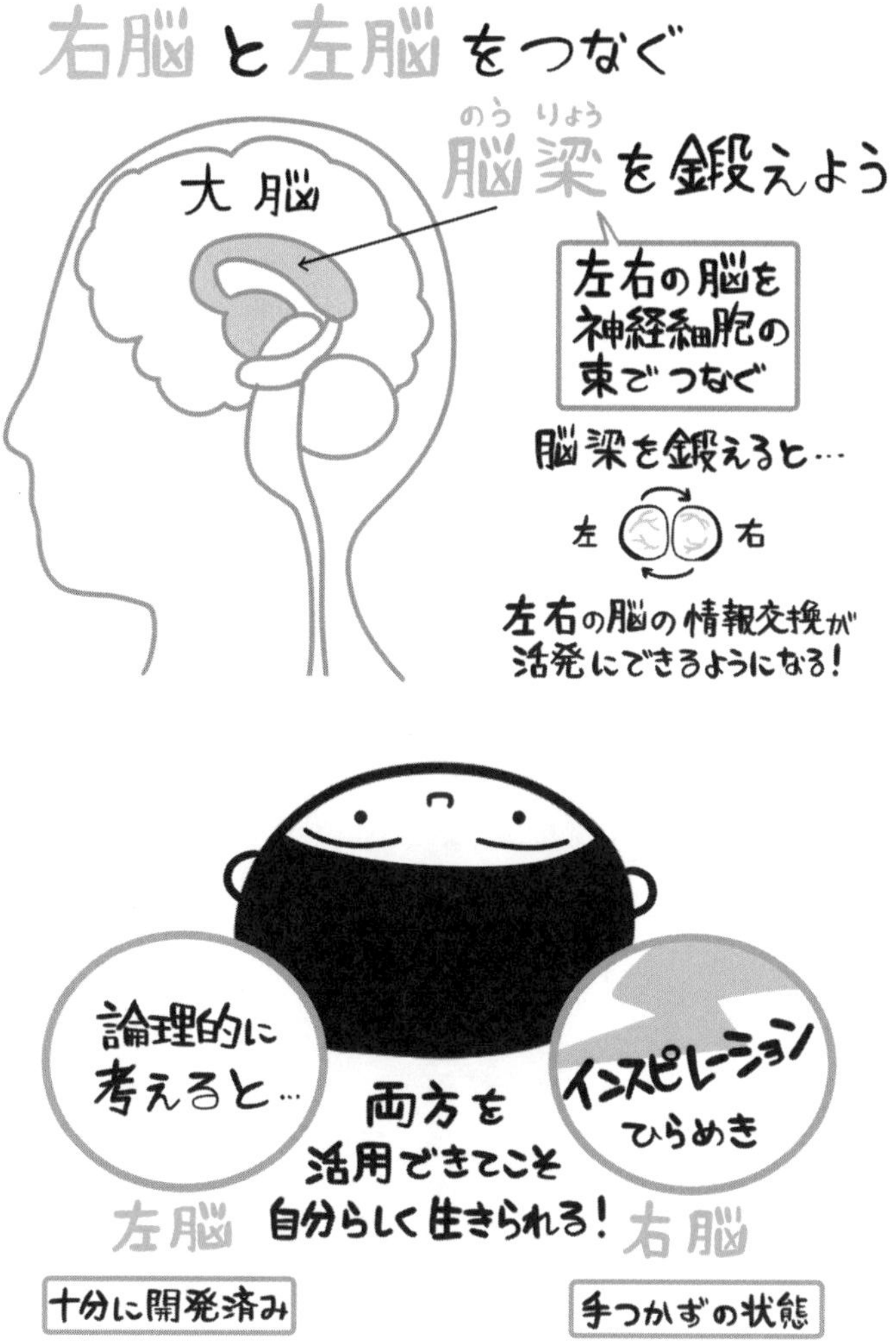
右脳と左脳をつなぐ
脳梁《のうりょう》を鍛えよう
大脳
左右の脳を
神経細胞の
束でつなぐ
脳梁を鍛えると…
左
右
左右の脳の情報交換が
活発にできるようになる！
論理的に
考えると…
両方を
活用できてこそ
自分らしく生きられる！
インスピレーション
ひらめき
左脳
右脳
十分に開発済み
手つかずの状態

梁を鍛えることで、左右の脳の間で活発な情報交換ができるようになっていきます。

また、脳の中心には松果体《しょうかたい》と呼ばれる小さなマツカサ状の器官があります。

松果体は脳の深くにありながら光を感じることができ、臨死体験や幽体離脱体験などの神秘的な現象をもたらす鍵となる器官なのではないかともいわれています。

現代人はこの松果体の働きが鈍っているために、脳が本来持つ力を十分に発揮できなくなっているのではないかという説もあります。

松果体をクリアにして活性化するためにも、右脳と左脳をつなぐような頭の使い方は有効でしょう。**脳梁を鍛えれば、自分の持てる能力を最大限に引き出す助けになる**はずです。


では、どうやったら脳梁を鍛えることができるのでしょうか。

私が考案したのは次のような手法です。

右脳を目覚めさせ、左脳とのつながりを強くする「音楽リーディング」

私はエネルギーを感じ取るのは右脳だということを知って以来、何かいい右脳のトレーニング方法はないものだろうかと試行錯誤するようになりました。

しかも右脳を鍛えるだけでなく、同時に左脳との連携も強くするようなものが望ましいと思いました。

いくら右脳を鍛えてエネルギーや直感を感じ取る力が備わっても、それを活用できなければあまり意味がないのではないかと思ったからです。

物事を言葉だけでなくイメージやエネルギーとしてとらえ、それを自分の中で咀嚼し、他の人にわかりやすく伝えるには言葉がいちばん便利です。

言葉だけに頼りすぎてはいけないけれども、やはり言葉抜きには物事を理解したり、その理解したことを他者に伝えたりすることはできません。

そんな私が行きついたのが「**音楽リーディング**」というトレーニングです。

音楽リーディングのやり方

音楽リーディングでは音楽を聴き、そこで感じたイメージを言葉や絵にしていきます。音楽や絵は、言語を用いずに人の感性に直接働きかける特性を持っているため、右脳の活性化にきわめて有効です。

誰もが音楽を聴いて心が癒されたり、絵を見て感性が揺さぶられたりした経験があると思いますが、そのとき感じたことをありのままに「アウトプット」する機会は、実生活では少ないものです。

こうした感性のアウトプットのトレーニングは、子どものころは学校のカリキュラムに組み込まれています。「友達をテーマに詩をつくってみよう」とか「運動会をテーマに絵を描いてみよう」とかいう授業があったと思います。

大人になるとこうした機会自体が減るだけでなく、あっても目的が別物にすり替わってしまいがちです。

たとえば見る相手がいる以上、「何かもっともらしいことを書かないといけない」

とか、職場では「上司に評価されるためにはどうしたらいいだろう」とかいう雑念が入ってしまい、「感じたままの素直なアウトプット」が難しくなるのです。

けれどもこの「感じたままの素直なアウトプット」は、自分の魂の状態を知るうえではとても大切なことなのです。

音楽リーディングでは、耳に入ってくるまま、自分が感じるままを表現してもらいます。そこで肝心なのは「アウトプットに良し悪しの評価をしない」ということです。

自分の内から湧いてくるイメージを自由に、できるだけ忠実に表現してみましょう。

○音楽リーディングに使う曲

音楽を聴くと、ある曲はリラックスする、落ち着くという感覚になったり、またある曲はやる気になる、体を動かしたくなるというような、さまざまな感覚がありますよね。それが音から受け取るエネルギーです。

こうした**音のエネルギーと自分のエネルギー（＝声）をかけ合わせて化学反応を起こすことによって、自分自身のエネルギーを変えていくことができます。**

ヴォイスカラーは心の特徴を映し出すものでしたよね。

ヴォイスカラー6種類の音階をメインにしたそれぞれの音楽を聴いて、感じる感覚に身を任せれば、心の特徴の長所を伸ばしたり、短所や弱点を補ったりすることにつながります。

足りないエネルギーを感性を揺さぶる音楽で補うことによって、心のクセが調律されていきます。

つまり、**音楽は自分のエネルギーを高める薬のようなもの**だと思ってください。

私が主宰するセミナーでは、私自身が作曲したオリジナル曲を使っています。けれどもそちらは有料版になってしまうので、この本ではその代わりになる楽曲をヴォイスカラーに合わせて紹介します。

ヴォイスカラーのレッドは音の周波数に置き換えるとピアノの中間音のドを、以下、オレンジはレ、イエローはミ、グリーンはファ♯、ブルーはソ♯、マゼンタはシを基音としています。

楽器や声楽の経験のある方ならおわかりいただけると思いますが、ヴォイスカラーによってハ長調、ニ長調など調性が異なります。

曲はYouTubeなどで検索していただくとすぐに出てくるものをピックアップしてみました。

中には複数の演奏がアップロードされている場合もあります。そんなときは曲の最初を少し聴いてみて、そのときのあなたの気分にいちばんフィットしているものを選んでください。

なお、ソ♯の調性（嬰ト長調）の曲で公開されている曲は存在しないので、その代わりにラ♭（変イ長調）の曲を選びました。ご了承ください。

1　ハ長調（基音＝ド）
ショパン　エチュードOp.10　No.1

2　ニ長調（基音＝レ）
パガニーニ　カンタービレ

3　ホ長調（基音＝ミ）

バッハ　無伴奏ヴァイオリンパルティータ3番　ガボット

● 4 嬰ヘ長調（基音＝ファ♯）

ショパン　ノクターン第5番

● 5 変イ長調（基音＝ラ♭）

ショパン　即興曲第1番

● 6 ロ長調（基音＝シ）

ショパン　ノクターン9番

手法1　音楽から受けたイメージを言葉にしてみよう

それぞれの音楽を聴いて、受けたイメージをそのまま言葉にしてみてください。

ノートや紙（コピー用紙など）を用意して、**その曲を聴いたときに浮かんだ色や風景、どんな気持ちになったかなどの情景を言葉にして書き出します**。

なるべく余計なことは考えずただ聴こえてくる音に身を任せたとき、どんなことが浮かんでくるでしょうか。

もしかしたら、昔の知り合いや過去に経験したできごとを思い出すかもしれません。

それらもすべて、自由に書き出してみてください。


今回はあえて、ベートーベンの「月光」やモーツァルトの「トルコ行進曲」のように表題がついている曲は避けました。作曲家が何をイメージして作った曲かが明確でないほうが、先入観なく聴くことができるからです。

先入観なく耳に入ってくるまま、音楽を聴く……これがわりと難しいのですが、いちばん大切です。そこで得られたイメージをどんどん言葉にしていきましょう。


曲を聴く順番は自由です。とはいえ、そう言われてもどうすればいいかわからないという方もいると思うので、セミナーでのやり方をご紹介しておきましょう。

それは、**1つの曲を1週間聴き続けて、毎日一言でいいのでその日、その曲から受けたイメージを言葉にしていく**というものです。

もっともこれは講師（私のことです）の指導のもと、グループごとで励まし合い、情報をシェアしながら行っている方法です。

個人の方がこの通りにするのは少々ハードルが高いかもしれません。

もちろん指導者や仲間がいなくてもこの通りにできるわ、という方ならやっていただいてかまわないのですが、**もう少しハードルを下げてもいいかもしれません。**

私がお勧めするのは次のやり方です。

1　全部の曲を聴いてみる（何日かに分けても可）

最初に全部の曲を聴いてみましょう。このとき、イメージを言葉にする必要はありません。

ただ、「この曲、なんとなく好き」とか「この曲はなんだかあまり好きじゃない」などのあたりはつけておくようにしましょう。

2　「好きな曲」のイメージを言葉にしてみる

次に1でセレクトした「好きな曲」を聴きながら、その曲から受けたイメージを言葉にしてみましょう。

最初のうちはなかなか言葉にできないかもしれません。

右脳が目覚める音楽リーディング

手法1 音楽を聴いてイメージを言葉にする

1. 全部の曲を聴いてみる

先入観なく、ありのままに聴く

何日かに分けても○

2. 好きな曲のイメージを言葉にする

はじめてすぐは浮かばなくても大丈夫！

続けているうちに言葉が増えていくよ

3. 嫌いな曲のイメージも言葉にする

その曲の音のヴォイスカラーが不足しているのかも…

毎日ではなくても何度か続けているうちに、少しずつ言葉の数が増えていきます。中には内側から言葉が溢れるように出てくるようになる人もいます。

それぞれの曲はヴォイスカラーと連動しています。

第2章でご紹介したヴォイスカラーの説明と照らし合わせてみると、「好きな曲」として選んだ曲のヴォイスカラーの特徴を、今のあなたが強く持っていることが多いはずです。

○3 「嫌いな曲」のイメージも言葉にしてみる

あまり気が進まないかもしれませんが、実はこれが右脳を活性化させ魂と心を浄化するのにとても有効なのです。

その曲が嫌いということは、今、あなたにはその曲（音）の持つヴォイスカラーが不足している可能性があるからです。

その曲から受けたイメージを言葉にすると、マイナス表現が多くなることでしょう。それこそが今のあなたの弱点であり、問題を抱えている部分でもあります。

客観的に自分を見つめるためにも、ぜひこちらにも挑戦してみてください。

「好きな曲」「嫌いな曲」のイメージを言葉にするワークは、少なくとも3、4回、できれば7、8回行ってみるようにしてください。

書けば書くほどイメージ力がアップするので、右脳開発のスピードが速くなります。「好きな曲」と「嫌いな曲」のイメージを言葉にするのに慣れたら、ぜひ他の曲のイメージも書いてみてください。

「ああ、私、こんなことを感じていたんだ」という、現在の心の状態を知る手がかりになります。

心と魂の両方を使って言語化する

私たちが発する言葉には「心由来」のものと「魂由来」のものの2種類があります。

心はそのときどきで移り変わっていく自分の思いを入れる器であり、対する魂は太陽のように、いつも変わらずそこにあるあなたの真実が入った器です。

この心と魂、2つのあなたを包む器を自由自在に行き来して、どんなところでも自分の感情や感覚、あなたの感じている真実を表現できるようになりましょうというのが、このトレーニングの目的です。

曲を聴いて自由に感じたことを書いていただいていいのですが、「何を書いていいかわからない」という方は、次の質問に順番に答える形でイメージを引き出していくといいでしょう。

● 1 目を閉じて、聴こえてくる曲が映像になるようにイメージしてください。
● 2 すると、どんな映像が浮かびましたか？
● 3 その映像を言葉（単語でもOK）にして書き留めてください。
● 4 浮かんだ映像は一体、何を意味しているのか？ 文章にしてまとめてみてください。
● 5 次に、この曲を人に説明するにはどうしたら伝わるかという視点でまとめてみましょう。

手法2　音楽を聴いてイメージを絵にしてみよう

次に音楽を聴いて絵を描くワークについてご説明します。

絵を描くことは言葉で表現することよりもさらに右脳を使うことになります。

耳に入ってくる音楽から、頭に浮かんだイメージを絵にしていきましょう。やってみるとおわかりいただけると思いますが、頭で描いているのではなく手が勝手に動いて、自分以外の何かに突き動かされているような感じがしてくるはずです。一度目はうまくいかなくても、繰り返し続けていれば右脳はどんどん刺激されていきます。

ご用意いただくのは次の道具です。

画材について

最初に使う画材としては、クレヨンがおすすめです。

しばらく絵を描いていない人に「さあ、描きましょう」と言ってもそうそう描けるものではありません。

大人は絵を描くとなると鉛筆画やペン画、水彩画などをやりたがる人が多いのですが、これらの画材を前にすると反射的に「うまく描かなきゃ」と思ってしまいます。ところがクレヨンになると、自由奔放に落書きができるのです。

子どもがいちばんはじめに手にする画材で、過去に使ったことがある人が多く、ぐるぐるの太陽や大きなお花、青い空など好き勝手に描いていた時代を思い出すからなのかもしれません。

ほかの画材なら「おずおずと」という感じになりやすいのですが、**クレヨンならほとんどの方が短時間で思い切った色の使い方ができる**ようになっていきます。

こだわりのある方ならちょっと質の高い色の種類の多いものを選んでいただいてけっこうですが、特にこだわりがないのであれば学童用の12色のクレヨンで十分です。

紙についてはバラバラの画用紙よりも、順番に描いていけるスケッチブックをおすすめします。

あとから見返したとき「へえ、最初はこんな絵を描いていたんだ」「それがこんなふうに変わってきたのね」など、自分のアウトプットの変化を目で確認することがで

右脳が目覚める音楽リーディング
手法2 音楽を聴いてイメージを絵にする
用意するもの
・スケッチブック
・クレヨン
SKETCH BOOK
自由に落書きしてみよう
思い切って描く!
のびのび
ぐるぐる
右脳がフル回転!
スケッチブックだとあとから見返せる
最初はこんなふうに描いてたんだ
ちょっとはうまくなったかもね
変化を目で確認
眠っていた右脳が刺激されて活性化する
!

きるからです。

ワークは好きな順番でやっていい

神傾聴セミナーでは、最初のワークとして音楽のイメージを言葉にするワークを行っていただき、その次の回に音楽を聴いてイメージを絵にするワークを行っています。

でもこの順番にこだわる必要はありません。

音楽のイメージを言葉にするよりも、絵にするほうがハードルが低いという方は、まず絵から入ってくださってもかまいません。

ただし、順番は逆になっても、「言葉にする」「絵にする」の両方をやっていただきたいと思います。

先ほどもご説明した通り、音楽を言葉にするとき、心と魂の両方から声が発せられるので、どちらもスイッチング可能な回路が作られるからです。

この回路を作ることで左脳と右脳をつなぐ脳梁が強く太くなっていき、エネルギーを読むことがしやすくなっていきます。

右脳から入ったイメージを左脳で変換して言葉にするという意味で、「音楽のイメージを言葉にするワーク」は重要なのです。

一方、絵には直感を研ぎ澄ます作用があります。絵を描いているとき、右脳がフル回転するからです。音楽を聴きそこから感じ取ったイメージを絵にすることには、右脳開発のうえで大きな意味があります。


音楽リーディングは、脳梁を鍛える筋トレのようなものと思っていただければと思います。やればやるほど右脳や脳梁を使うことになり、これまで手つかずだった脳の領域が鍛えられていきます。


私が主宰するセミナーでは、こうしたワークを通して右脳が目覚め、才能を開花させる方々がいらっしゃいます。

「こんな素敵な感性をお持ちなのに、これまで眠らせていたなんてもったいないですね」というような言葉が行き交います。

最初は「音楽を聴いて自由に、なんて言われても何も出てきません」と困った顔でおっしゃっていた方が、**ワークを続けることによって、次から次へとアウトプットが活性化していく例もあります**。

次頁の絵は、その中のお一人の作品です。

この章では、普段あまり使われていない右脳を活性化し、左脳とつなぐためのトレーニング法についてご紹介してきました。

続く第4章では、よりあなた自身を進化させ、神傾聴に近づくための生活習慣についてお話ししたいと思います。

作品
ビフォーアフター
音楽リーディングで
感性の扉が開く！
Before
イメージするの
むずかしいな
何を描けば
いいのかな
続けている
うちに…
After
芸術は
バクハツだ！
のって
きた♪
こんなに
変わるの!?
エッ

第4章

最後は「コイツめ！」の“怒り脳”を“幸せ脳”に変えるだけ

感情と体の神経は密接に関係しています。話が通じない相手やイヤなことを言ってくる人に対してついイラッとしてしまうことがありますよね。怒りを自分自身でコントロールできるようになると、脳波が変わって劇的な変化が訪れます。

自分を変えることができるのは自分だけ

この章では、自分を進化させ神傾聴に近づくための生活習慣についてお話ししたいと思います。

もうすでにお気づきかと思いますが、神傾聴を実現させるためのトレーニングはすべて自分が主体となって行っていただくものです。

これまで自分以外の第三者によるセッションを経験してこられた人にとっては、自分自身でトレーニングを積んでいくことに対してイメージが湧かない方もいるかもしれません。

でもそも**自分を変えるには、自分が主体とならなければならない**と私は思います。

だって自分の感覚は自分だけのもの。自分以外の人から「さあ、このセッションを受けたらもう大丈夫。あなたは変わりましたよ」と言われる筋合いのものなのでしょうか？

仮にセッションを受けた直後は「私は生まれ変わった！」と思えたとしても、根本的に自分の意志で自分を変えていなければ、結局いつもの心のクセ（フィルター）が戻ってきてしまうことのほうが多いのでは？

実際、私の元にはありとあらゆる自己啓発やスピリチュアルセミナーやセッションを経験したけれども「それでも変われませんでした」という方が多くこられます。

変われない理由は、自分自身で納得するような方法で変えることをしていないから。そして**自分の魂の舵取りを人任せにしてしまっているから**です。

スピリチュアルカウンセラーの中には、「自分は聖なるものとつながっていて守られている、だからこのセッションを受けるあなたも聖なるものとつながることができ、守られて運気も上がるようになります」とおっしゃる方もいます。

でもその方を守っている聖なるものが、あなたを守ってくれるとは限りません。

なぜなら、その方の言う聖なるものがどういう類の聖なるものなのか、実証がないからです。

ひとえに「サムシンググレート」「宇宙の創造の源」とつながっていると言ったと

しても、本当にそこにつながっているかということは仏教でいう涅槃《ねはん》の領域です。

集合意識、魂の領域はワンネス（宇宙も地球も自然も人も、すべてが繋がって1つであるというスピリチュアル的な覚醒領域を指す言葉）だとしても、自分自身の頭だけでそう思い込んでいるだけなのか、エネルギーそのものの質がその領域に共鳴できる同じ質を持っているのかという面から見れば、「エネルギーの領域」というものはなかなか証明できるものではありません。


仮にそのスピリチュアルカウンセラーが素晴らしいエネルギーの持ち主だとしても、カウンセリングを受ける側に「受け取る準備」ができていなければ、その方や聖なるものとのエネルギー共鳴は起きないのです。

その重要なポイントを曖昧にすれば、逆に聴く側にとってよくない結果を招いてしまうことだってあります。

したがって**スピリチュアルに触れる際には、やみくもに人任せにはできません**。

自分にとっていいエネルギーを受け取る準備をすることができるのは、自分だけということになるのです。

変わりたい一心で
内なる子どもを癒しましょう
ゴイ〜〜ン
天使のパワーで浄化します
ふわ
ふわ
いろんなことを試してきた
自分の感覚は自分だけのもの
結局元に戻ってしまう
なんで！どうして！
バン
バン
…それは
スッキリしました！
その時は良くなったような気がするんだけど
お客さん気分
天使が見守っています！
魂の舵取りを人任せにしてきたからかもしれない
自分の魂とつながることは
ド〜〜♪
けっこう上手く描けるじゃん私！
自分にしかできない
それってすごく危険なこと…！
はっ

現在の自分のエネルギーの状態を知り、不要なものをクリーニングし、よいものとつながれるように自分自身を整えていくことが、スピリチュアルを通して人生をよくしていくセンターピンになります。

安心・安全に自分を進化させよう

あなたがスピリチュアル的に進化していくためには、まずは自分自身の魂としっかりつながっていなければなりません。

超能力系のスピリチュアリストの方で、奇跡を起こすことや、チャクラをクリーニングすることに特化している方がいます。

それ自体を否定するわけではありませんが、そうした能力がある方がクライアントに対して悪いものを取り除くとかエネルギーを高めるとかいうことを外側からアプローチしたとしても、毎回うまくいくわけではありません。

エネルギーのすべてがわかっている人でなければ逆にエネルギーを混乱させてし

まったり、本来の望む方向でないところに導いてしまったりすることもあります。

少し難しいことをお話ししましたが、これをわかりやすく、別の話に置き換えてみましょう。

たとえばお金に関する知識が全然ない人が投資セミナーに参加して、講師に言われるがままにいきなりハイリスクな取引きをしたらどうなるでしょうか？

相場の読み方や企業分析の仕方について知識があり、実際に投資経験もある人が受講するのに適したセミナーを、初心者が受けたとしたら？

結果は目に見えていますね。

それと同じことがスピリチュアル的進化についてもいえます。

安心・安全に自分をスピリチュアル的に進化させるには、他人頼みにしないこと。まずは自分自身の魂をしっかりつながって、自分で自分を納得させながら進んでいくことが大切なのです。

エネルギーを高める「身口意《しんくい》」の極意

スピリチュアルの落とし穴にはまらず、自分自身を進化させていくためには、自分の魂を自分で磨いて、エネルギーを高めていく必要があります。

エネルギー共振共鳴の法則についてはすでにお話ししました（p79）。同じ次元のエネルギー同士が集まるのでしたよね。

エネルギーを最大化するのが神傾聴で、それを目指して第2章、第3章とそこに近づくための土台作りをしてきました。

ここで土台作りの最終ステップに入っていきますが、心に留めておいていただきたいことがあります。

それは**エネルギーの次元を高くするのも低くするのもあり方や生き方次第**だということです。つまり**どういう行動をしてどういうことを口にするのか、そしてどんな場面でどんな考えを持つのか。それがここでのテーマとなる「身口意《しんくい》」**です。

「身口意」とは空海《くうかい》の教えにある密教の三密です。「身」とは行動を、「口」は言葉を、「意」は思考を表します。

この「身口意」は人間関係の改善に抜群の効力を発揮します。人間関係の改善がエネルギーアップにつながることもすでにお話ししました。

この「身口意」の3つがそろってこそ、神傾聴の域に到達することができます。

1 身《しん》（行動）

「あの人、口ではいいことを言っているけれども、やってることは違うよね」と言われてしまう残念な人がいます。もしかしたら、自分もそう言われていたりして……。

そんな人にならないようにするためには、どんなことに気をつければいいでしょうか？

秘訣は「口でいいことを言う前に、いい行動を先にする」ことです。いい行動とは「人のためになる行動」「人の役に立つ行動」、すなわち「**利他の行動**」をいいます。

自分の利益になることだけを考えたエゴイスティックな行動は、エネルギーが他者と共振共鳴しないので、エネルギーが出たら出っぱなしの一方通行になります。

つまり自分のためだけの行動は、エネルギーが減っていくばかりになってしまうのです。

反対に他者の利益になる行動をすると、相手からエネルギーが返ってきて、自分のエネルギーが増大していきます。

○運気を上げるトイレ掃除と玄関掃除

幸運を呼び込む行動として、風水でよく知られているのがトイレ掃除と玄関掃除です。風水では人が出入りする場所をきれいにすることが大切と考えます。

特にトイレは悪いものを出していく場所なので、汚れていると悪い気が出て行ってくれず運気が下がってしまいます。だから常時きれいにしておくことが好ましいのです。

この運気アップの法則をご存じなら、自宅では実践しているという方もいるでしょう。では外出先で使う職場や商業施設のトイレに関してはどうでしょうか？

多くの人が使う公共のトイレの掃除は、さらなるエネルギーの好循環を生み出します。とはいえ、職場のトイレや商業施設のトイレの便器をブラシでごしごし……というわけにもいきませんよね。もっと手軽なところから始めてみましょう。

たとえば洗面台。たくさんの人が使う洗面台は水はねで常時濡れています。自分が使用したあとは、備え付けのペーパーできれいに拭いて出る習慣をつけてみてはいかがでしょうか？

なんのためかといえば、次に使う人が気持ちよく使うためです。小さなことですが、利他の行動とはこうした些細な心掛けで育っていくものなのです。

人の目につかないところで人の役に立つことをする、それが最高にエネルギーを高めてくれます。

私は仕事柄、経営者の方とお会いする機会が多いのですが、エネルギーの次元が高いと一目でわかる、ある経営者の方がいらっしゃいました。その方は家族が気持ちよく使えるようにと毎日、素手でトイレ掃除をしていました。

ホテルに泊まるときは客室係の人が掃除をするときに楽なように、必ず自分が使ったシャワールームや洗面所をきれいにしてから外出しているとおっしゃっていました。

それだけでなく玄関の掃除も自分でしていて、さらに自宅の両側にあるお宅の前の道路まで、50メートルくらいの範囲も掃除しているとのことでした。

普段からこうした「利他の行動」をルーティンにしているというお話を聞いて「だからこんなにエネルギーの次元が高いのか！」と納得し、感動したことがあります。

2 口《く》（言葉）

「口は災いの元」などといわれます。日ごろから自分の発する言葉をよいものにする、人の悪口は言わない、人の揚げ足を取らないことが大切です。

脳は主語を持ちません。これが何を意味するかといえば、人に対するネガティブな感情からストレスを抱いても、ダメージを受けるのは自分だということです。

つまり**口に出す言葉はすべて自分への言葉となって返ってきます**。

また言葉にすることは、エネルギーを現実のものにする力を持っています。どんなことを考え、何を実現させたいかは、自分が発する言葉次第ということになります。

これらを踏まえて人間関係のトラブルを起こさないための予防薬となる、おまじないの言葉があります。それが「ありがとう」です。

感謝を伝える言葉は、肯定的な感情形成と関係があるオキシトシンとセロトニン（通称、幸せホルモンと呼ばれます）の分泌を促す効果があるといわれています。パートナーや家族など近い間柄なら、手を握ったり抱き合ったりすることでも分泌が促されるといわれています。

また相手を褒めたり感謝したりすることで、自分のセロトニンの分泌が促されることも証明されています。

相手のいないところで相手を褒めたり感謝を誰かに伝えたりするのも、自分の脳内ホルモンを活性化させます。それだけでなくエネルギーレベルで感謝が相手に届くことで、自分も相手もいいエネルギー状態に引き上げることができます。

企業でもお互いに感謝を伝えるサンクスカードを導入するところが増えているそうですが、社内コミュニケーションの活性化や社員モチベーションのアップにつながり、企業そのものの売り上げも上がっているそうです。

不思議な現象だと思われる方もいるかもしれませんが、これはとても理に適っていることなのです。

「ありがとう」は、漢字で書くと「有難う」で、言葉の由来は「有難し」からきています。「ありがとう」の本来の意味は「有る」ことが「難しい」、つまり当たり前じゃない貴重な機会に遭遇した際に感謝を伝えるための言葉です。

「ありがとう」と言われてうれしくなる人はいても、イヤな気持ちになる人は滅多にいません。

「ありがとう」はおまじないの言葉。ギスギスした人間関係を生まないための潤滑油であることを覚えておいてください。

でもこう言うと、「何もしてくれない人にありがとうと言わなきゃいけないんですか?」「イヤなことをされたのに、なぜありがとうと言うんですか?」などと質問されることがあります。

「ありがとう」は人に何かしてもらったときに言う言葉で、理由が必要だと思っているとこんな疑問が湧くのも当然ですよね。


では、こう考えてみてはどうでしょうか？

人が自分に何かをしてくれたことに対して「ありがとう」と言うのではなく、自分以外の人に何かを「させていただいたこと」に対して「ありがとう」と言うのです。

エネルギーを高めるための「身口意」とは、つまり利他のための「身口意」です。これは相手がいないとできないことですよね。だから「存在してくれてありがとう」と言ったって全然おかしくありません。

もっといえば、「何ごともなくてありがとう」と言ってもいいですよね。


世界を震撼させたコロナ禍を経験して、平穏な日常がいかにありがたいことか私たちは学びました。でも人間は忘れっぽい生き物なので、コロナ前と同じように自由に行動できるようになると、すぐにその貴重な学びを忘れてしまいます。

だから何度でも呼び起こすように「何ごともなくてありがとう」と口に出してもいいのでは？　とても素敵なことだと思います。

○「ありがとう」でいじめられなくなったS君

セッションに来られた方のお子さんで、いじめっ子の標的にされているS君という男の子がいました。その子に「いじめられたときでも、おまじないのつもりで『ありがとう』って言ってみて」とお願いしたところ「うん、やってみる」と素直に言ってくれました。

そばにいるお母さまのほうが「なんでうちの子をいじめるような子に『ありがとう』って言わなきゃいけないんですか?」と不満顔でした。

それからというもの、S君が何をされても「ありがとう」と言い続けたら、**相手の態度が変わってきていじめられなくなり、家を行き来して遊ぶ仲になった**というのです。

あってはいけないことですが、いじめは強者が弱者に対して行う行為です。強い相手をいじめることはありません。

「ありがとう」を言い続けることでエネルギーが高まり強くなったS君は、いじめの対象ではなくなったのでした。

○お姑さんに意地悪されなくなったM子さん

お姑さんと同居しているM子さんは、何かにつけ意地悪をされていました。外出したときM子さんの分のケーキを買って来ないで、「あら、M子さん、ケーキ嫌いだと思ってたわ」などと言ってのけるのだそうです。

「もう今すぐにでもダンナと別れて、義母とも縁を切りたいんです」というM子さんに、「それなら1カ月後に別れてもいいから、それまでの間にお姑さんに『ありがとう』と言い続けてみて」とお願いしました。

そして夜、2階の自分たち夫婦の部屋に戻ったとき「あの姑め！　こんちきしょう！」と思わずに、一瞬でいいからお義母さんの幸せを祈ってみてと伝えました。

憎たらしい姑ではあっても、同居しているのでお茶わんを洗ってくれたり掃除してくれたりと、M子さんの負担が軽くなるようなことはしてくれています。

ただ、それについても「私、あれ、やってあげたわよ」といちいち言ってくることにM子さんはいつも苛立っていたのですが、「とにかく実験のつもりで1カ月はやってね」と言ったところ、「仕方ない。そこまでいうなら、やってやるか」という気持ちで始めてくれました。

するとすると本当に1カ月でお姑さんが変わったというのです。

「やってやった」という恩着せがましい言動がなくなり、あからさまな意地悪もしなくなったのだとか。これまでしたことのない食事作りをしたり、何かにつけM子さんの手助けをするようになったということでした。

それに伴って夫婦仲も改善しました。嫁姑関係のいざこざにはそれまで一度もねぎらってくれたことがなかったのに「ああいうお袋と一緒に暮らしてくれてありがとう」と感謝を伝えられたそうです。M子さんがご主人にお義母さまの悪口を言わなくなったので、ご主人にも心境の変化があったのかもしれませんね。

3 意《い》（思考）

世の中には「許せない！」と思うことがたくさんありますよね。誰かに失礼なことを言われた、軽くあしらわれた、パートナーに浮気をされた、職場にすぐマウントを取ってくるイヤな人がいる……。こうして自分に悪意を向けられたときって怒りが湧いてきますよね。

「自分の価値を認めないあいつが許せない」

「理不尽な相手が許せない」

「自分の気持ちをわかろうとしてくれなくて許せない」

「記憶の中のあの人が今でも許せない」

イヤなことがあるとこんなふうに思って気分が荒れます。たとえ表面上は平静を装っていても、内心は今にも爆発しそう！っていう経験はないですか？

生きていれば誰でもこんな場面に遭遇したことがあるはずで、それも一度や二度ではないでしょう。

こうした**怒りを抱えていると、我慢しても心はゆれ動き、それに追随して過去の自分の失敗にとらわれてしまうようになります。**
できなかったことを後悔して、「自分があのとき、もっとうまく対処していれば……」などと相手だけでなく自分まで責めるようになり、頭の中では負の思考がぐるぐる回り出します。

いったんこれが始まると、1日に何十回、いえ何百回も思い出して、終わることなくリフレインしてしまいます。

負けん気が強い人なら、こうした怒りが何かに向かうモチベーションにつながり功を奏することもあります。ただし怒りのエネルギーとは思っている以上に心身への負荷が大きいので、長く続けば健康を損ねてしまいます。

許せないと思う感情はどこからくると思いますか？

「正しいのは自分で相手が間違っている」と、自分の正当性を主張したいという思考からやってきます。相手の反発をくらえばさらに、「相手を打ち負かしたい！」という攻撃的な気持ちにまで発展していきます。

怒りの感情を悶々と抱えていると気持ちに余裕が持てなくなり、体に常に力が入っている状態になります。怒りによって体力を消費しエネルギーは淀む一方です。たとえ相手を言い負かしたところで、その瞬間は自己満足を得られても、エネルギー的に得るものはありません。

それに、怒りの感情を抱えたままだと、目の前にある大切なことを取り逃がしてし

今日からできる！ 身《しん》口《く》意《い》

まいやすくなります。

結局、許せない！　と怒り狂って相手を打ちのめすのも、許せなくて悶々とするのも、自分が損をするだけです。

怒りからくる負のループは百害あって一利なし。 これを理解できれば、「許す」という判断で結果的に自分を守れることがわかると思います。

○「コイツめ！」という回路を断ち切る

人はイヤなことをされたり言われたりすると、どうしても「コイツめーーー‼」と思ってしまいます。反射的に「コイツめ！」回路が働くからです。

でも、**その回路を意識的に断ち切ることもできる**んです。そのコツは「あ、今、私カチンと来てる。それはこの人に上から目線で言われたからだな」と**客観的に自分の心の動きを見る**ことです。

怒りは誤解や言葉の行き違いからくるケースもあります。一度立ち止って冷静に考えるクセをつければ余計な揉め事を起こさずにすむし、感情の暴走を止めるワンクッションになります。

「坊主憎けりゃ袈裟《けさ》まで憎い」という言葉がありますね。

お坊さんが嫌いになると、着ている袈裟まで嫌いになる＝あるできごとがあってその人をイヤだと思うと、その先その人のすべてが嫌いになるという意味です。

エネルギー的にはそうなるのがいちばん損をします。

だからいちばんいいのは、目くじら立てずにできるだけ早く許してしまうことです。

エネルギーが弱くて停滞しているような人は、10年前に不快な思いをさせられて許せなかったことをずっと覚えていたりします。

でも成功している人はそんな無駄なことはしません。自分の中で問題化せず、さっさとスルーしてしまいます。

たとえ100％相手が悪かったとしても許したもん勝ち。不快感を引きずることなくスルーしてしまったほうが、自分自身のためになることを知っているからです。

「利他の精神」が自分に定着するようになる

最初のうちは「口（言葉）」と「意（思考）」については、気持ちがついていかないかもしれません。別に感謝するいわれもないし、怒りを抑えて許すなんてもってのほかと感じることもあるでしょう。

そんな思いはさておき、とりあえずだまされたと思って、何かにつけ「ありがとう」と言い、腹が立つことがあっても「許す」と決めてしまってください。

そうすることで**あなたのエネルギーが変わり、あなたを取り巻く現実は確実に変わってきます**。世の中や周りの人があなたにやさしくしてくれたり、大切に扱ってくれたりするのを実感するようになります。

これまであなたに敵意を向けていた人が矛先を収めるどころか、味方になってくれることもあります。

するとあなたはますます気持ちに余裕が持てるようになり、**自分のためだけではない利他の行動をしようという思考パターンになっていく**はずです。

たとえばビジネスでいえば、普通ならライバル社よりも自分のほうが二歩も三歩も先を行きたい、なんなら出し抜いてやりたいと思いますよね。

ところがエネルギーが高まるにつれてライバル社に対して、敵に塩を送るような行動、相手の利益になるような行動ができるようになっていきます。同業者に自分のところに来た仕事を回したり、分けてあげたりということができるようになるのです。

短期的に見ると自社の取り分は少なくなりますが、ギブ&シェアを続けてエネルギーを循環させているうちに、気づけば業界のシェアトップになっているといったことが起こってきます。

そんな現象が起こるようになったとき、改めて「存在してくれてありがとう」という言葉の意味が理解できるようになるでしょう。

そんなふうになっていくためにも、ぜひ「善行を積む」「何かにつけ『ありがとう』と言う」「腹が立つことがあっても許す」という「身口意」の極意3つを心掛けてくださいね。

脳波と幸福度の深い関係

ここまでのステップで心のクセが取れ、右脳の能力が開花し、「身口意」が身について神傾聴の土台が整いました。

この3つができるようになったときに、脳内では高次のエネルギーと共振共鳴するα《アルファ》波という脳波を自由に出すことができるようになります。

ここで「**脳波**」について少しご説明しましょう。

私たちの脳内では、脳を形成する神経細胞が微弱な電気信号を発しています。その電気信号を読み取って波の形にしたものが脳波で、振幅数によって次の5つ（P211）に分けられます。

日常生活を送っているとき、私たちの脳波はβ《ベータ》波の状態にあります。営業パーソンが「よし、頑張って5日で売り上げ目標達成するぞ！」と意気込むとき、脳波はβ《ベータ》波か興奮状態で出てくるγ《ガンマ》波の状態になっています。

ところがこんなふうに自力で頑張るのには限度があります。頑張って必死になってエゴが出てしまうからです。

それよりも自分自身をリラックスして緩ませることで脳波がα《アルファ》波の状態になったほうが、高次のエネルギーとつながりやすくなるので、営業成績が上がるなどの高パフォーマンスを発揮しやすくなります。

たとえば新商品の試食会で、商品を売りたい人が「これ、めちゃめちゃおいしいんですよ！　今だけの限定販売ですから」なんて言ってしまうと、相手は圧を感じます。

でも肩の力を抜いて「おいしいので、もしよろしければ食べてみてくださいね」と言うと、「じゃあ、1ついただこうかしら」となります。柔らかいエネルギーが動くと、人の心が動いて、お金も一緒に動くというわけです。

また脳波には夢かうつつか区別のつかないまどろんだ状態や、リラックスをしているときに出てくるθ《シータ》波、熟睡時に発生するδ《デルタ》波もあります。

○脳波と自律神経系の深い関係

私たちの体には体内環境のバランスを一定に保つために、自分の意志とは無関係に働く「自律神経系」が備わっていることはよく知られていますね。

気温の変化に対処するために暑いときには汗をかいて体温を下げたり、夜には自然と眠くなったりするのは、この自律神経が絶えず働き、私たちの体を守る働きをしているからです。

自律神経系には交感神経・副交感神経という2種類の神経が存在します。この2種類の神経は体内の臓器を同時に支配していて、どちらかが優位のときはどちらかが引っ込むという形で、相反する作用をバランスよくもたらす仕組みになっています。

普段、活動的に動いているときは交感神経が優位になり、逆にリラックスした状態のときは副交感神経が優位になるという具合に無意識にスイッチングしています。

脳波は交感神経・副交感神経のスイッチングと深く関わっています。

この自律神経のバランスが崩れると、寝ても寝ても疲れが取れなかったり、そわそわして落ち着かず食欲が湧かなかったりするなどの症状が表れます。

これがみなさんも一度は聞いたことのある「自律神経失調症」と呼ばれる症状です。

自律神経とは…
呼吸する・寝る・起きるなどの生命活動を
24時間365日コントロールしていて
「交感神経」と「副交感神経」に分かれる
「交感神経」が
優位
バリ
バリ
「副交感神経」が
優位
のび
のび

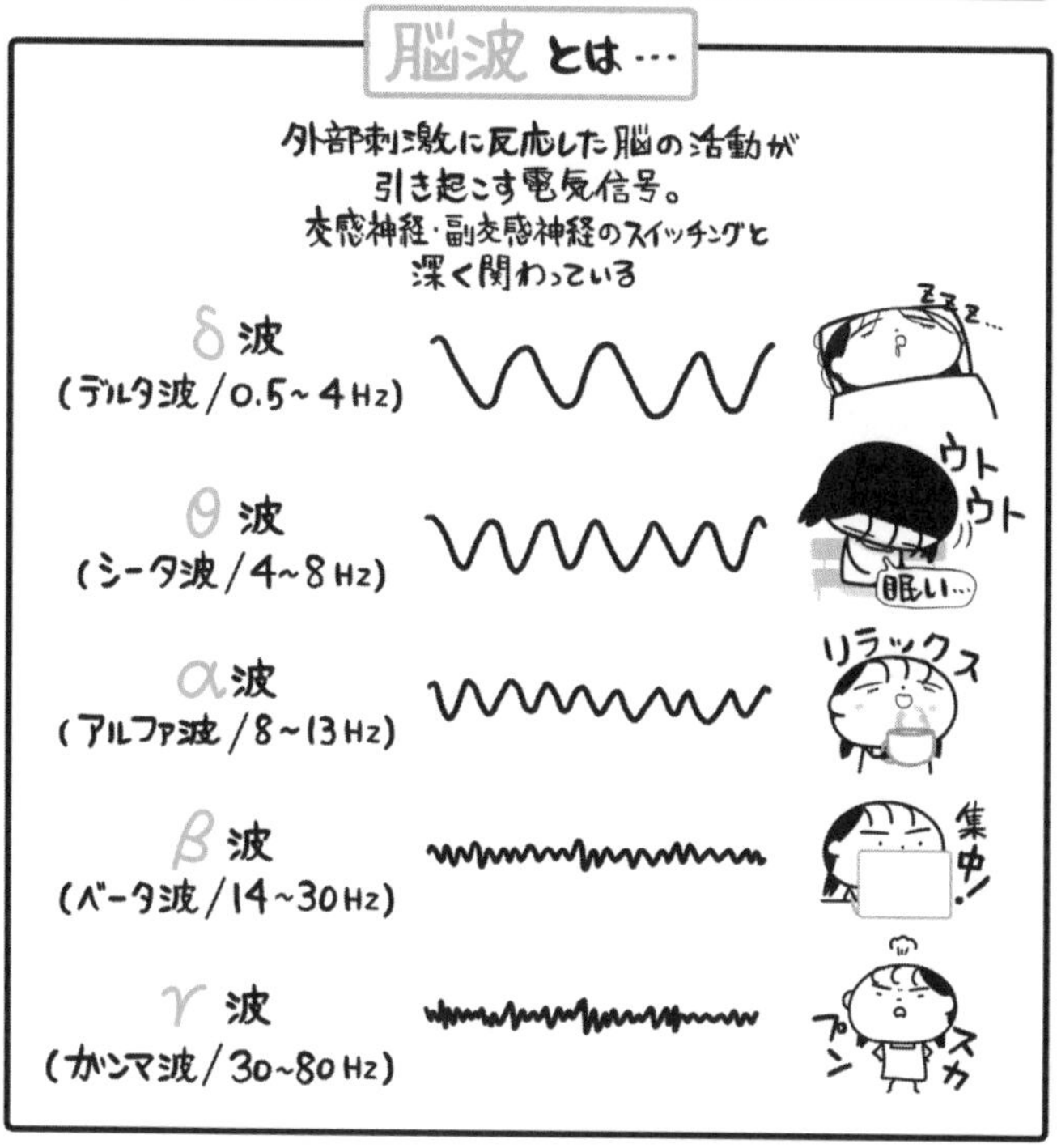
脳波とは…
外部刺激に反応した脳の活動が
引き起こす電気信号。
交感神経・副交感神経のスイッチングと
深く関わっている
δ波
(デルタ波/0.5~4Hz)
Zzz…
θ波
(シータ波/4~8Hz)
ウト
ウト
眠い…
α波
(アルファ波/8~13Hz)
リラックス
β波
(ベータ波/14~30Hz)
集中!
γ波
(ガンマ波/30~80Hz)
プン
スカ

仕事をしている人（特に男性）によくあるのが、日中はβ《ベータ》波がずっと続く状態で頑張って、家に帰ってお酒を飲んで寝た瞬間にθ《シータ》波になるパターンです。

「仕事が終わったらお酒を飲まずにはいられない」という人がいますが、なぜそうなるのかというと、日中に交感神経が働きすぎるせいで、自然に脳波を切り替えることが難しいからです。つまり原因は、交感神経と副交感神経のスイッチングがうまくできないことにあります。

仕事中に判断すること、考えることなどのやることが多すぎて、ずっと交感神経が優位になりっぱなしで、心身ともに休まらないのですね。

だからお酒の力を借りて、強制的に脳波をβ《ベータ》波から一直線にθ《シータ》波まで切り替えているというわけです。

副交感神経が優位に働いているとき、脳波はα《アルファ》波、θ《シータ》波、γ《ガンマ》波の状態にあります。

このうちα《アルファ》波こそが「中庸の脳波」です。心が余計な動きをせず、リラックスした状態。自分も心地よく、現実にも対応できるので、いちばんいい状態のときの脳波です。

先ほど「一般的に自律神経は自分の意志でコントロールできないとされている」と言いましたが、この本で紹介してきたステップを実践し自分のものにできれば、おのずと副交感神経が優位のリラックスした状態が多くなります。

ですから、**必ずしもコントロールできないわけではない、というのが私の見解**です。

ちなみに脳波を測る計測器は、一般にも手が届く価格で販売されていてオンラインでも購入できます。自分の普段の脳波を詳しく知りたい方は、こうした計測器を試してみるのもいいかもしれません。

最終ステージに行くために、「トーニング瞑想」で五感のアンテナをオフに

アップルの創業者 スティーブ・ジョブズ氏や、「経営の神様」と称される京セラの創業者 稲盛和夫氏など、ビジネスで大成功を収めた人の中には瞑想を実践していた方が多いことをご存じですか?

ジョブズ氏は10代のころに訪れたインドで仏教に触れ、禅《ぜん》の思想に影響を受けて瞑想をするようになったそうです。アップル製品にもその思想を反映したと生前に語っ

ています。

稲盛氏も、経営者として重圧がかかる毎日の中で、瞑想により感謝する気持ちを持てるようになり心の平穏を取り戻せたと話しています。

ビジネスにおいて常にアンテナを張り巡らせ、膨大な量の情報を処理している天才的な経営者ほど、思考や心を超えた魂と一体化する必要性を感じるのかもしれません。

自分の魂とつながらなければ、真理の領域にアクセスすることはできないからです。

瞑想は「マインドフルネス」という言葉に置き換えて、国際的な大手企業でも社員向けのセルフマネジメントや、ストレスマネジメントのプログラムに生かされるようになっています。

瞑想は通常、呼吸に意識を向けることで五感に集中し、心を静めて無心になる目的で行います。

この瞑想を、本書では神傾聴メソッド用に〝自分の声を使った手法〟に独自にリメイクし、これを「**トーニング瞑想**」と名付けました。

五感に全神経を向ける瞑想に対して、トーニング瞑想は、「**五感をオフにして第六**

感を目覚めさせる」ことを目的とします。

脳波をリラックス状態に導くトーニング瞑想のやり方

「心頭《しんとう》を滅却《めっきゃく》すれば火もまた涼《すず》し」という有名な言葉があるのをご存じですか？

無念無想の境地に到達すると火でも（熱くはなく）涼しく感じる、という意味です。

五感をオフにするということは、これと似ています。

ちょっとわかりにくいかもしれませんが、あえて言葉にするとしたら「自分の肉体を忘れた状態」というのでしょうか。

瞑想をする人の中には「瞑想中、自分の呼吸にだけ意識を集中するようにすると、自分の境目が曖昧になって周囲の空気と一体化するのを感じる」という人がいます。

こういう心身の状態は、体の力を抜いて自我を手放して、すべてを宇宙規模の大きなエネルギーにゆだねていくような感覚に近いイメージです。


では、五感をオフにして第六感を開くためにおすすめのトーニング瞑想の方法をご紹介します。

二次元コードを読み取って、先ほどと同じサイトで紹介しているトーニング瞑想用の音楽を流しながら、次の方法で実践してみてください。

- 1　体の力を抜いてため息を吐きます。
- 2　あくびをするように軟口蓋《なんこうがい》を最大に開いて息を吐きます。それを2、3回繰り返してください。
- 3　その吐く息に音を少しずつ混ぜていきます。自分が吐く空気にかすかに音を混ぜているような感覚で吐き出していきましょう。のせる音は小さくてかまいません。
- 4　何も考えずに、ただ自分の出している声に意識を向けていきます。体の力を抜いてリラックスして、無理をせずに自然と息を吐くように声を出し続けてください。

瞑想における呼吸法はよく腹式呼吸がいいといわれますが、初めての人には難しいのではないかと思います。お腹に息をためることに必死になってしまい、肝心の「余計なことを考えない」が実践できないからです。

ご紹介したトーニング瞑想法がうまくできるようになれば、自然と肺が広がって息が体の奥深くまで入っていくようになります。

息を吐きながら頭や心に溜まったゴミも吐き出していきましょう。それと同時に、緊張がほぐれて疲れが癒え、体が柔らかくなっていきます。

一度、第六感の世界を体験すると、その後は自分の無意識のスイッチで五感の世界と第六感の世界とを行き来できるようになります。

こうなると最終段階。もうあなたには自然と神傾聴というエネルギーの受信器が備わり、リラックスして楽に生きていける新しい世界に入ります。

トーニング瞑想のやり方
"声"を使った瞑想で自律神経を整える
1. 体の力を抜いてため息を吐く
ふぅ〜
2. あくびをするように口を開けて2・3回息を吐く
軟口蓋《なんこうがい》
やわらか〜く開ける
ほあ〜〜
3. 吐く息に少しずつ音を混ぜていく
雑念
イヤなこと
頭と心に溜まったゴミをぜ〜んぶ外に吐き出そう
4. 自分の声に意識を向けてリラックス…
はあ〜〜…
力を抜いて
頭をリセットしてクリアにする
頭の中が静かになる
意識が深い所に入っていく
脳波のチェンジが行われる!
副交感神経が優位になって眠りの質が良くなるよ
リラックス…
1日の終わりに自分自身をリセット
トーニングでヴォイスカラーを調整する
ド〜
トーニング瞑想で五感をオフにする
はあ〜
どちらも気持ちよく声を響かせることで心身がリラックスするよ!

第5章

そして、何をしても幸福が先回りする「オートハッピー」ステージへ

いよいよ最後のステップです。自分自身を知り、思考をコントロールできるようになれば、神傾聴の準備は完了。あなたは魂とつながりブレない軸を持てるようになります。それはすなわち、自分の中に「エネルギーの受信器」が備わることです。

奥の世界・現実世界と同時につながることができる

通常、第六感とつながっているとき、人は深い意識とつながっている状態になります。脳波でいうとθ《シータ》波やδ《デルタ》波になります。

母体で過ごす胎児や産まれたばかりの赤ちゃんの脳波は、7・5Hzとされていてθ《シータ》波の領域です。胎児や産まれたばかりの赤ちゃんは、喜びや悲しみといった感情をまだ知りません。いわゆる「無心」の状態がこの脳波で、もっとも快適な脳波だといわれています。

ただしθ《シータ》波は夢かうつつかの状態、δ《デルタ》波は熟睡した状態なので、日常生活には適しません。

日常生活を送る際に理想的なのは、脳波をα《アルファ》波の状態にしておくことです。これなら日常生活を支障なく送りつつ、リラックスした状態でいられます。

なおα《アルファ》波の中でも、9Hzから11Hzの間は「ミッドα《アルファ》波」と呼ばれ、リラックスしながらも集中力を発揮できる脳波です。

ミッドα《アルファ》波は「天才の脳波」ともいわれています。パフォーマーやスポーツ選手が「ゾーンに入ったとき」はこの脳波になることが多いからです。

普段からこうした脳波の状態に導きやすくするためのトレーニングが、第4章の最後に紹介したトーニング瞑想です。

五感を閉じて、鼻先から吸った息が体の奥まで届くのを意識し、深いところから発せられた声に集中するトレーニングを積むうちに、現実の世界と目に視えない奥の世界の両方とつながっていく感覚が養われていきます。

私は茶道に興味があるのですが、もともとは茶道もそうした精神状態に自分を置くためのトレーニングをする場だったのではないかと考えています。

茶道では今に集中して目の前の茶室の空間や茶道具などを視覚で感じ、お茶やお菓子を味覚で味わい、季節感や他者との交流を楽しみます。

こうしたとき、人は現実の世界と目に視えない奥の世界の両方とつながって、エゴを手放すことになります。五感や第六感はフル活用するけれども、今に集中していて余計な思考が入り込まない状態なのですから。

相手が発しているエネルギーを読めるようになる

この本の冒頭でも触れたように、神傾聴には「聴き方のノウハウ」はありません。真心込めて聴きましょうとか、自分の考えとは違っても相づちを打ちましょう、というような聴くテクニックは存在しないのです。

すべきことはただ1つ「**自分自身を解放して魂とつながること**」だけです。心のクセを取ってゼロの地点に戻り、右脳を目覚めさせて自分の魂の声に耳を傾けてください。さらに自分を進化させるために「身口意」を整え、エネルギーをキャッチできる第六感を磨きます。

これであなたは、本来あるべき自分になることができます。

そのとき、**あなたの中に「エネルギーの受信器」が備わり、これを介してあなたとあなた以外の人、さらには大いなる宇宙のエネルギーと絶え間ないエネルギーの共振共鳴が行われるようになっていきます。**

この状態になったら、自然と神傾聴ができるようになっています。

相手が言葉を発しなくても、魂にアクセスしてその人のエネルギーが読めるようになるのです。

宇宙の無尽蔵のエネルギーを受け取れるようになる

マインドからのとらわれを抜けて自己解放されたあなたの脳内は、ミッドα《アルファ》波に導かれ、高いパフォーマンスを発揮できるようになります。いつでも宇宙とつながれて、エネルギー値が満タンの状態です。

宇宙は愛のエネルギーを無尽蔵にたたえています。そことつながるということは、涸渇しない水源を手に入れたようなもの。だからエネルギーを与える側になれるし、与え続けることもできます。

それがすなわち「人間神社」になることです。目の前にいる人に大盤振る舞いで愛を差し出せるようになります。

この世に存在するものすべては波でできています。波動です。かの有名な「二重スリット実験」では、観測すると波が粒になり、世界が決まるという法則が明らかにされました。

この二重スリットの実験を私なりの解釈でお伝えすると、量子という光には「波の性質」と「粒の性質」があり、光は誰かに見られると「粒」になり、見ていないと「波」になるというものです。

光はまるで生き物のようで、粒が波に変わる瞬間を撮影しようとして観測者（カメラ）を設置すると、粒から波には変わらないのだそうです。つまり無意識でいると光は波として存在し、意識をすることで光は粒として形になります。

これは、私たちの「意識する」「気づく」という行為で現実が作られるということが科学的に裏付けられた実験です。

また人の意識はこの光の粒とも連動していて、ある実験では、集団で「右に曲がれ」と念じると実際に右に曲がるという結果になったそうです。

「思えば叶う」「意識すると現実になる」とは、こうした量子の光に意識を向けることで波が粒になり、実際に形になっていくことで立証されました。

この世のすべての元である波は無尽蔵に存在していますが、観測する（意識する）ことで具現化します。

だから、深い意識エネルギーを観測できる（共振共鳴できる）脳波の状態をキープしながら意識を働かせることによって、宇宙大元の波を粒に変え、望みを叶え、現実を作り出すことができます。

宇宙大元の波と共振共鳴できるエネルギーになるように、頭や心のゴミをクリーニングしながら、自分で自分を磨くトレーニングを積むことで願いが叶う。この行為を「自動的祈りの力」と呼ぶこともできると思います。いつでも願いを叶え続けることができるのです。

いつでもセレンディピティを起こせる

宇宙と直結したあなたは、必要なときにいつでも宇宙のエネルギーを受け取り、セレンディピティを起こせるようになります。

セレンディピティとは、予想していなかった巡り合わせや、ひらめきによって新しいアイディアが浮かんだりすることをいい、「思いもしなかった偶然がもたらす幸運や才能」を意味する言葉です。

何かをしようと思ったとき、タイミングよく向こうから自分の望んでいるものがやってきます。

たとえば転職したいと思っていたときに思いがけず「こんな会社が人を探しているんだけど、あなたに向いていると思って」と声をかけられたり、ぽかっとスケジュールが空いたときに、その期間を埋めるような好条件の仕事が入ってきたりします。

しかもそれがあなたと対面した人にも起こるようになっていきます。

私自身もそうですが、私のセミナーを受講された方でコーチングをしている方々からよく聞くのが、「クライアントさんから『こんなふうになりたい』という話を聴いているだけなのに、次に会ったときに『あの話、実現しちゃいました！』という報告を受ける」ということです。

「第六感」で宇宙とつながれる
"エネルギーの受信器"が備わる
視えない世界
現実の世界
呼吸を整えて
脳波をミッドα波に
宇宙エネルギー
自己を解放して
本来の自分になれる
あなたに向いてると思うんだけど、どう?
やりたかった仕事!
!
自己
他者
エネルギーの好循環
セレンディピティ
生きる目的が
シフトする
自分のため
世のため人のため

こんな事例もありました。

人より能力があるせいで社内でも膨大な数の仕事が集まってきてしまうという男性がいたのですが、この人の場合は周りの人によってタスクが消化されていくようになったそうです。本人が部下に「あなたはこれをやってください」「これ、お願いします」などと頼んでいないにもかかわらず、です。

これは神傾聴を身につけたことで、言葉を使わなくてもエネルギーの共振共鳴が起こり始めたいい例だと思いました。

人間神社になると、聴き手が宇宙と相手をつなぐ役目も果たすようになります。相手の願いをキャッチしたら、宇宙にパスしてあげることができるようになります。

宇宙は願いを叶えてくれるので、次に会ったときに「この間お話ししたあの件、思いがけないところからお話をいただいて実現したんですよ」となるわけです。

面白いほどの好循環に入り、「あの人に話を聴いてもらうと実現するよ」と評判になることだってあるのです。

生きる目的が社会貢献にシフトする

人に幸運を振り撒ける人間神社の域に達すると、もはや自分自身の悩みというものはなくなります。

そこにくるまで感じていた「家族がちょっと……」とか「仕事がちょっと……」とかいう気がかりは、いつの間にか消えています。

「あれ？　私、あんなことで悩んでいたんだ」と気づくと、そこからは人生が次のステージに入っていきます。

もう自分のことはいいから、世の中のため、人のために自分を使ってもらおうという領域にシフトしていくのです。

すると「天命が知りたい」とか「一体、自分は何のために生まれてきたのか」とかいうテーマに向き合うようになります。

会社勤めをしていた人の中には、「定年まで勤め上げてこの会社に骨を埋めようと思っていたけど、ちょっと違うな」と感じ始める人もいます。他に何か自分が役に立てる場があるのではないかと考えるようになっていきます。

でも、だからといって天命を求めて焦ることはありません。

「人事を尽くして天命を待つ」という言葉があるように、お役目が向こうからやってくるからです。

中にはこんなことがありました。

大手コンサルティング会社に勤めていた方のお話です。

セッションでは「数字だけを重視する社内の雰囲気に精神的なストレスを抱えていて、競争で歪んだ人間関係にも限界を感じている」とおっしゃっていました。退職して別の職業や起業も検討しているときに、神傾聴を実践することで、外資系大手企業から思わぬヘッドハンティングを受けたそうです。

そこで、以前から自分の中で温めていた、数字ありきのビジネスの中でも、もっとも楽に結果を出す方法を体系化し発信するようにしました。すると評判が広がり、企業から研修の依頼が殺到するようになったとのことです。

ご本人が抱いていた「物事の真理を伝えたい」という願望が表面化し、それがそのまま仕事となった例です。結果、人生最高額の年収を得ることにもつながりました。

感性が解放される

本当の豊かさとはどんなものだと思いますか？

外国でもどこでも好きな場所に住めることですか？　それともお金に余裕があって早期リタイアできることでしょうか？

私は魂とつながり本当の自分の感性を自由自在に使えることこそが、真の意味での豊かさなのではないかと思います。


神傾聴の領域に達すると、感性が解放され自分自身考えてもいなかったことができるようになっていきます。


絵や文章、動画配信など、表現の分野で気づかなかった才能が開花するのを私はたくさん見てきました。

特に、魂を揺さぶるような絵を描くようになったり、曲を作り歌うようになったりする人は多いです。

画家の作品を見ていると、技術的にはハイレベルではないのに高価な絵がありますよね。値がつくということは、その絵に価値を見出す人が多いということです。

「きれいで上手に描けているのが『いい絵』」という価値観ではなく、違うところに価値を見出しているということでもあります。それは何かというと「エネルギーを感じられるかどうか」なのだと思います。

今後、社会はAIの急速な普及で仕事を失う人が増えるといわれています。これまで人の手で作られてきたあらゆるものは、AIが作成する時代になりました。

絵や音楽、こうした文章も例外ではありません。文章はまだまだ改良の余地がありますが、絵や音楽はニーズに合わせていかようにも作れるようになってきています。能力的にはAIはやがて人間を上回るでしょう。

でも私たち人間にはあって、AIにはないものが1つだけあります。それが魂です。

無限の可能性を持つ魂の力をクリエイトしたり表現したりすることや、魂と魂を触れ合わせ振動数を大きくしてエネルギーの渦を巻き起こすことができるのは、人間ならではの特権です。

こうした魂の交流がもたらす喜びを、神傾聴を通じてぜひ、実感してくださいね。

AIに仕事を奪われる!?
アート
データ作成
A I
私より上手い!
AIにはない魂が人間にはある
魂が交流する
エネルギーの渦を巻き起こす
あったかいねえ
人間ならではの喜びを
神傾聴で達成しよう

おわりに

最後まで読んでいただき、本当にありがとうございました。
ここまで読んで、どんな感想をお持ちになったでしょうか？
本というツールを通しても、魂の交流はできると私は思います。
エネルギーが魂とつながりその人をカタチ作るのであれば、私のエネルギーを詰め込んだこの本は私自身です（粗雑に扱わないでくださいね　笑）。

本書に書いた何かに触れて、読者の方々に明日への活力を見出してもらえたら、著者としてこれほどうれしいことはありません。それは私とあなたの間でエネルギーの共振共鳴が起きている証しだからです。

こうして本書を出版できたのも、みなさまが私にエネルギーをくださるおかげ。そして私のメッセージを受け取ってくださるあなたがいたおかげです。

神傾聴の究極の姿は、自分自身の魂があらゆるエネルギーの源である宇宙とダイレクトにつながることです。たとえどんなに現世で孤独な思いをしていても、人は一人では生きていません。

大いなる宇宙からのエネルギーに生かされ、あなたの体はご先祖さまのDNAを引き継いでこの世に誕生しています。私たちの周りにあるあらゆる生命、あらゆるエネルギーがこれと同じです。

宇宙の膨大で無尽蔵にあるエネルギーの中で、私たちは宇宙の存在に観測されたことで粒になり、この地球に命と命の器（体）をいただいて生まれてきました。私たちのエネルギーも秩序の中で生かされ、愛を学んで再び、また波に戻っていきます。

この宇宙の循環の中で、今しかないこの時を大事にすると、宇宙からの愛のエネルギーを受け取る受信器が磨かれていきます。

自分の中にこの受信器を備えることがつまり、神傾聴です。この受信器があるだけで人生が別物に変わるのです。

本書の冒頭で、神傾聴メソッドには「順番が大事」とお伝えしました。

神傾聴にたどり着くためのステップの順番を覚えていますか？

最後に改めておさらいしましょう。


ステップ1は「神傾聴＝心で相手の話を聴く」と思わないことでした。

ステップ2は「心のクセ」を取り除いて軽やかになることでした。

ステップ3は右脳を活性化して「感性の扉」を開くことでした。

ステップ4は脳波を整えて〝怒り脳〟を〝幸せ脳〟に変えることでした。

ステップ5は自分の中にエネルギーの受信器を備えて宇宙とつながることでした。


このステップを踏んでいくことで、あなたは自分の魂とつながって、果てには宇宙とつながって大いなるエネルギーを味方につけられるようになっていきます。

すると無意識に相手の魂にもアクセスできるようになり、あなたと相手の間でエネルギーの共振共鳴が起こりはじめます。

楽器やクリスタルボウルが共鳴すると音の渦が大きくなるように、それがどんどん大きくなって、オートモードで願いが叶う開運体質になれるのです。

さあ、あなたには一体、どんな未来が待っているでしょうか？

一年後、いえ半年後のあなたが、願い事を叶えてよりいっそうあなたらしく、生き生きと毎日を楽しんでいる姿を想像してみてください。

本書で紹介した神傾聴にいたるプロセスを通じて、あなたの資質は大きく花開いていきます。

魂の声を聴けるようになると人生の軌道修正ができるようになり、宿命をも超えていくことができます。すると、「あれ？　私こんなことができるんだ！」と無限の可能性に気づいて、あなたしか持たない才能が伸びていくこともあるでしょう。

特に右脳を開花させるプログラムにおいては、自分の秘められた能力に気づいて、特定の分野でみるみる才能を伸ばしている方が実際に数多くいらっしゃいます。

もし今うまくいっていないと感じていても、大丈夫。

あなたはこれまで、自分の持つ能力を十分に発揮できないせいで、悩みがつきない日々を送っていたかもしれません。

でも、もう心配しないでください。
この世界は本当はやさしくて、あたたかい愛に満ちています。

2024年2月吉日　中島由美子

愛のエネルギーと
つながると
こんなにも
あたたかで
おだやかで
頭の中が
静かになる

今しかない
この時を
大切に
生きていこう

開運《かいうん》！　神傾聴《かみけいちょう》　心《こころ》の声《こえ》を聴《き》いて「人間神社《にんげんじんじゃ》」になる

2024年2月29日　初版発行

著者／中島《なかじま》 由美子《ゆみこ》

発行者／山下 直久

発行／株式会社KADOKAWA
〒102-8177　東京都千代田区富士見2-13-3
電話　0570-002-301(ナビダイヤル)

印刷所／TOPPAN株式会社

製本所／TOPPAN株式会社

●お問い合わせ
https://www.kadokawa.co.jp/（「お問い合わせ」へお進みください）
※内容によっては、お答えできない場合があります。
※サポートは日本国内のみとさせていただきます。
※Japanese text only

定価はカバーに表示してあります。

ISBN 978-4-04-606691-6　C0095